集人文社科之思　刊专业学术之声

集　刊　名：上海研究
主　管　单　位：中国社会科学院
主　办　单　位：中国社会科学院－上海市人民政府 上海研究院
主　　　编：王晓霞
副　主　编：郭志法

JOURNAL OF SHANGHAI STUDIES（No.1）

投稿邮箱
shyjyzw@163.com

联系电话
021-56331251

2024年第1辑（总第1辑）

集刊序列号：PIJ-2020-420
中国集刊网：www.jikan.com.cn/ 上海研究
集刊投约稿平台：www.iedol.cn

中国社会科学院-上海市人民政府 上海研究院　主办

上海研究

2024 年第 1 辑（总第 1 辑）

主编：王晓霞　　副主编：郭志法

SHANGHAI

Journal of Shanghai Studies （No.1）

社会科学文献出版社
SOCIAL SCIENCES ACADEMIC PRESS (CHINA)

本辑刊发的所有成果均受到上海研究院项目经费资助

卷首语

奋进新时代，实现中华民族伟大复兴进入了不可逆转的历史进程。在以习近平同志为核心的党中央坚强领导下，当代中国正经历着中华民族历史上最为广泛而深刻的社会变革，也正在进行着人类历史上最为宏大而独特的实践创新，包括上海在内的各地区不断涌现进一步全面深化改革、推进中国式现代化的新担当、新气象、新作为。这既为广大哲学社会科学工作者提供了理论和政策研究的"富矿"，给理论创造、学术繁荣提供了强大动力和广阔空间，同时，也对加强中国特色新型智库建设、构建中国哲学社会科学自主知识体系提出了更高要求。基于此，由中国社会科学院主管、中国社会科学院—上海市人民政府上海研究院主办的集刊《上海研究》应运而生。

作为全国性综合学术刊物，《上海研究》坚持以习近平新时代中国特色社会主义思想为指引，认真贯彻落实习近平总书记在哲学社会科学工作座谈会上的重要讲话和考察上海重要讲话精神，紧紧围绕中国特色社会主义改革与发展中的重大理论和现实问题，围绕党中央对上海发展的战略定位以及上海作为我国进一步全面深化改革的前沿所实施的重要战略和任务部署，刊发具有原创性、思想性、科学性的高质量学术论文和理论联系实际的对策性文章，让世界更好地从上海研究领域认识中国、了解中国、深入理解中华文明，积极促进中外学术交流，努力提升上海研究院在上海研究领域的国际传播力和国内影响力。

作为中国社会科学院与上海市人民政府共同创建的院市合作新型智库，上海研究院坚持以高起点、高标准、高质量办好《上海研究》为新使命、新任务，不断把中国社会科学院党组打造"院市合作样本"、建设"华东地区的研究中心"的战略部署，转化为在新的历史起点上推动高质量发展的实绩与成效，努力提高服务习近平总书记和党中央以及上海重大战略需求的能力，稳健提升在上海研究领域的学科体系、学术体系、话语体系建设水平，为丰富新时代中国哲学社会科学发展的旗阵增光添彩，为壮大中国社会科学院学术期刊集群添砖加瓦。

"时代课题是理论创新的驱动力。"展望未来，上海研究院将进一步把深入践行"三项共识"固根本与党中央赋予上海的重要战略使命、对长三角发展的总体部署紧密结合起来，一体贯彻、扎实推进有组织科研与出版工作，和广大哲学社会科学工作者一道，坚持从国情出发，不断凝聚"跳出上海看上海、立足全局看上海、在服务全国中发展上海"的学术研究共识，以全球视野、国际眼光、中国精神着力打造融通中外，有利于研究、阐释、宣介新时代改革开放和社会主义现代化建设丰富实践的新概念、新范畴、新表述，从道理、学理、哲理上讲好中国式现代化的上海实践，书写长三角一体化的学术新篇章，完整、准确、生动展现推动超大城市社会治理和开放型经济发展的中国成就、中国智慧、中国方案。

《上海研究》编辑部

2024 年 10 月

上海研究

2024 年 9 月创刊　　　　总第 1 辑　　　　1/2024

目　录

中国式现代化上海实践

在推进中国式现代化中发挥龙头带动和示范引领作用

李雪松　张慧慧*

摘　要： 习近平总书记强调，上海要在推进中国式现代化中充分发挥龙头带动和示范引领作用。上海作为我国改革开放的排头兵，具有经济体量大、人口密度高、科技创新能力强、产业结构先进等多方面的特征，其现代化发展对于我国推进中国式现代化具有重要意义。本文在梳理中国式现代化理论逻辑的基础上，结合上海在国家重大发展战略中的功能定位，提出了上海发挥龙头带动和示范引领作用的"提高自身＋增强带动＋先行先试"科学内涵体系，并阐述了以跨地区政策协同机制强化龙头带动作用、以政策试点推广机制保障示范引领作用、以基础体制机制完善保障政策实施等一系列改革举措。

关键词： 中国式现代化　龙头带动　示范引领

---

* 李雪松，中国社会科学院研究员；张慧慧，中国社会科学院数量经济与技术经济研究所副研究员。

党的二十届三中全会提出，"紧紧围绕推进中国式现代化进一步全面深化改革"。近年来，大量文献从宏观视角分析了中国式现代化的理论基础、科学内涵以及实现路径等，为从宏观层面理解和实践中国式现代化提供了丰富的学理依据。但已有文献对地方推进中国式现代化的实践关注不足。习近平总书记指出，推进中国式现代化要处理好的第一个重要关系就是顶层设计与实践探索的关系。[1]2023 年底，习近平总书记赴上海考察时强调，上海要在推进中国式现代化中充分发挥龙头带动和示范引领作用。[2] 这一重要指示，一方面凸显了上海在推进中国式现代化中的特殊地位和重要价值，另一方面为理论研究提出了更加具有实践价值的研究命题，指引更多研究聚焦地方实践，提炼总结现代化发展的"中国道路"。上海作为我国改革开放的排头兵，具有经济体量大、人口密度高、科技创新能力强、产业结构先进等多方面的突出特征，同时还在长三角经济带中占据中心地位，其现代化发展对于推进中国式现代化具有重要意义。

一　推进中国式现代化的理论逻辑

现代化是 18 世纪工业革命以来全球范围内发生的主流变革，是由科技进步带来生产力极大提升所驱动的经济、社会、政治、文化

---

[1]　习近平：《推进中国式现代化需要处理好若干重大关系》，《求是》2023 年第 19 期。

[2]　《习近平在上海考察时强调　聚焦建设"五个中心"重要使命　加快建成社会主义现代化国际大都市　返京途中在江苏盐城考察》，https://www.gov.cn/yaowen/liebiao/202312/content_6918294.htm，2023 年 12 月 3 日。

等多领域的演变和革新，这种变化主要表现为人类社会由传统的农业社会向现代工业社会加速迈进。① 20 世纪 50 年代以来，社会科学各领域围绕现代化形成了诸多观点不同的理论和学派，但国际上关于现代化的经典理论研究多以西方现代化发展模式为主流叙事，认为现代化表现为"政治民主化、经济工业化、社会城市化、文化理性化"，而发展中国家的现代化道路则沿着发达国家的经验亦步亦趋。② 以冈德·弗兰克和萨米尔·阿明为代表的学者提出的"依附理论"对此秉持批判态度，他们认为发展中国家依附于发达国家、沿着发达国家的道路前进，并不能真正实现现代化。③ 发展中国家应当摆脱对发达国家的依附状态，从与发达国家的"中心-外围"关系中脱离出来，根据自身的实际情况和所处的国际环境寻找属于自己的发展道路。④

（一）中国式现代化的理论基础

新中国成立以来，中国共产党始终坚持对现代化的自主探索。在第一届全国人民代表大会第一次会议上，周恩来作政府工作报告，着重强调工业、农业、交通运输业和国防这四个领域的现代化

---

① 刘英：《理解科技在现代化进程中的作用》，《中国图书评论》2021 年第 2 期。

② 饶旭鹏、周娟：《现代化理论的回顾及对中国的启示》，《中国石油大学学报》（社会科学版）2016 年第 4 期。

③ 燕继荣：《反贫困与国家治理——中国"脱贫攻坚"的创新意义》，《管理世界》2020 年第 4 期。

④ 林红：《依附论的理论解构及其历史命运》，《贵州社会科学》2011 年第 9 期。

发展对于整个国家经济建设工作的重要性，并将工业现代化发展作为其他三个领域现代化发展的基础。1961 年，中共中央在《关于当前工业问题的指示》中正式提出要"把我国建设成为一个具有现代工业、现代农业、现代国防和现代科学文化的社会主义国家"，即"四个现代化"的目标；1964 年的政府工作报告对实现"四个现代化"目标的"两步走"战略进行了完整、准确的表述。

党的十一届三中全会停止使用"以阶级斗争为纲"的口号，将党的工作重点转移到社会主义现代化建设上来。邓小平基于对现实国情的判断，继承和发展了毛泽东时期的现代化理论，指出"中国式的现代化"必须是符合中国国情、从中国实际出发的现代化，是社会主义的现代化，是社会全面进步、协调发展的现代化。[①] 1987 年，党的十三大明确了党在社会主义初级阶段的基本路线，提出"把我国建设成为富强、民主、文明的社会主义现代化国家"，并且制定了到 21 世纪中叶基本实现现代化的"三步走"战略。

党的十四大以来，以江泽民同志为主要代表的中国共产党人持续对中国的现代化理论进行探索和完善，继承和发展了邓小平于 1984 年会见日本首相中曾根康弘时提出的小康社会概念，[②] 将建设小康社会作为基本实现社会主义现代化的阶段性目标。在党的十五届五中全会上，江泽民发表重要讲话指出，从新世纪开始，我国将进入全面建设小康社会、加快推进社会主义现代化的新的发展阶

---

① 《邓小平文选》第三卷，人民出版社，1993。
② 中共中央文献研究室编《邓小平年谱 一九七五——一九九七》（下），中央文献出版社，2004。

段。在党的十六大上，江泽民进一步明确了 21 世纪头 20 年是实现现代化建设第三步战略目标必经的承上启下的发展阶段，要围绕若干具体目标全面建设小康社会。之后，胡锦涛在党的十七大上提出"为夺取全面建设小康社会新胜利而奋斗"，并进一步完善了社会主义现代化的内涵，明确要"建设富强民主文明和谐的社会主义现代化国家"。

（二）新时代以来中国式现代化的战略内涵

党的十八大以来，中国特色社会主义现代化理论得到了持续发展和完善。党的十八届三中全会首次将现代化的内涵拓展到了国家治理和生态文明建设领域，强调要"推进国家治理体系和治理能力现代化"，"推动形成人与自然和谐发展现代化建设新格局"。在庆祝中国共产党成立 100 周年大会上，习近平总书记宣告我国实现了第一个百年奋斗目标，在中华大地上全面建成了小康社会。这意味着党的十六大提出的 21 世纪头 20 年的发展目标业已完成，我国进入了向全面建成社会主义现代化强国迈进的阶段。

进入新发展阶段，我国面临的国际国内形势发生了显著变化。世界百年未有之大变局加速演变，新一轮科技革命和产业变革深入发展。站在这一重要历史节点上，进一步明确和阐释中国特色社会主义理论体系下现代化的内涵具有重大意义。在党的十九届五中全会第二次全体会议上，习近平总书记提出我国建设社会主义现代化的五方面特征。① 这五方面特征经过进一步的发展完善，在党的二

---

① 习近平：《新发展阶段贯彻新发展理念必然要求构建新发展格局》，《求是》2022 年第 17 期。

十大上正式提出，① 成为社会各界理解、研究中国式现代化的重要依据。

　　第一，中国式现代化是人口规模巨大的现代化。基于"现代化的本质是人的现代化"这一基本共识，人口规模巨大对实现中国式现代化既形成有力支撑，又带来约束挑战。② 这一方面要求我国充分利用好超大规模市场潜力和"人才红利"优势，另一方面要求我国妥善处理人口规模巨大与资源有限配置和环境开发利用之间的矛盾。第二，中国式现代化是全体人民共同富裕的现代化。资本主义社会发展所带来的两极分化让我们看到了西方现代化道路的弊端。中国在全面建设社会主义现代化国家的进程中，则始终将实现共同富裕作为本质要求。③ 这一方面要求我国以经济建设为中心，实现经济总量的持续稳定增长和人均水平的持续稳定提升；另一方面要求持续完善分配制度，保障全体人民共享经济建设成果。第三，中国式现代化是物质文明和精神文明相协调的现代化。马克思在《资本论》第一卷中阐释了其对资本主义拜物教的批判，提出资本主义下对物的崇拜最终抽象成为对资本的崇拜，导致人类精神世界的缺失。④

① 习近平：《高举中国特色社会主义伟大旗帜　为全面建设社会主义现代化国家而团结奋斗——在中国共产党第二十次全国代表大会上的报告》，《人民日报》2022 年 10 月 26 日，第 1 版。
② 韩保江、李志斌：《中国式现代化：特征、挑战与路径》，《管理世界》2022 年第 11 期。
③ 张占斌：《中国式现代化的共同富裕：内涵、理论与路径》，《当代世界与社会主义》2021 年第 6 期。
④ 马克思：《资本论》（第一卷），中共中央马克思恩格斯列宁斯大林著作编译局译，人民出版社，2004，第 90~93 页。

中国式现代化则基于辩证唯物主义将物质文明和精神文明协调统一起来，要求"以辩证的、全面的、平衡的观点正确处理物质文明和精神文明的关系"①，以物质文明的极大发展为精神文明奠定物质基础，以精神文明的繁荣发展引领物质文明建设。第四，中国式现代化是人与自然和谐共生的现代化。对西方现代化的研究使众多学者发现，西方现代化表现出人与自然关系严重失调。② 历史经验证明，可持续发展的道路必然是人与自然和谐共生的道路。因此，党的十八大以来，我国对污染防治、生态建设的重视程度在不断提升。推进中国式现代化要求我国坚持将生态文明放在"五位一体"总体布局中，持续践行绿色发展理念。第五，中国式现代化是走和平发展道路的现代化。党的十八大以来，习近平总书记深刻把握人类社会历史经验和发展规律，在多个重要场合阐释、强调"人类命运共同体"理念。③ 尽管当前全球化遭遇逆流，但全球化这一根本趋势无法逆转，各国人民相互依存、利益共通的格局不会改变。中国作为发展中大国，在走向现代化的道路上必然要坚持融入全球发展，推动构建人类命运共同体。

---

① 《人民有信仰，民族有希望，国家有力量（2015 年 2 月 28 日）》，载习近平《习近平谈治国理政》第二卷，外文出版社，2018，第324 页。

② 解保军：《人与自然和谐共生的现代化——对西方现代化模式的反拨与超越》，《马克思主义与现实》2019 年第 2 期。

③ 习近平：《习近平经济文选》（第一卷），中央文献出版社，2025，第215、302、369 页。

二 上海的功能定位及发挥龙头带动和示范引领
作用的科学内涵

考虑到我国土地广袤、幅员辽阔、地区间经济发展存在显著差异的现实国情，推进中国式现代化难以在各地区齐头并进，需要部分地区积极探索，先行先试。就上海而言，一方面，国家高度重视长三角一体化发展战略，习近平总书记在多个重要场合强调上海在长三角一体化中的龙头带动作用；① 另一方面，上海在产业发展、城市建设、人民生活、政府治理等方面均处于相对领先水平，具备发挥示范引领作用的基础。

（一）上海在国家重大发展战略中的功能定位

新中国成立以来，国家对上海的发展战略定位经历了多次重要调整。新中国成立初期，上海因其坚实的工业基础，成为带动周边地区以及全国工业发展的重要综合性工业基地。② 改革开放初期，上海作为当时全国最大的经济中心城市，承担了为改革开放"试水"提供稳定性物质保障的"后卫"角色。③ 到了 20 世纪 80 年代

---

① 张芮绮：《学习进行时｜习近平总书记和上海的故事》，http://www.news.cn/politics/xxjxs/2023-11/29/c_1130000103.htm，2023 年 11 月 29 日。
② 孙斌栋：《上海城市国际竞争力的历史变迁与提升策略》，《上海经济研究》2006 年第 10 期。
③ 许振江：《上海改革开放研究的研究》，博士学位论文，华东师范大学，2019。

后期，随着传统工业优势的衰退，上海推动改革开放越发迫切。在此背景下，党中央批准上海市加快浦东地区开发。浦东开发给上海带来了新的历史机遇，国家对上海的定位也进一步更新升级，党的十四大报告提出"一个龙头、三个中心"的发展战略。临近世纪之交，上海抓住编制新一轮城市总体规划的契机，着眼于长远发展，将建设国际航运中心写入《上海市城市总体规划（1999 年—2020年）》，并将其提到与国际经济、金融、贸易中心同等重要的地位。至此，上海"三个中心"战略目标成为"四个中心"，上海也逐渐成为全国改革开放的"排头兵""先行者"。党的十八大以来，国家高度重视科技创新发展，在推动科技创新、实施创新驱动发展方面对上海寄予厚望。2017 年 12 月，《上海市城市总体规划（2017—2035 年）》获得国务院批复同意，明确提出上海要加快国际经济、金融、贸易、航运、科技创新"五个中心"建设。

总之，新中国成立后，特别是改革开放以来，上海在国家发展战略中被赋予了带动长三角、引领全中国的重要使命，并且这一使命随着国内外发展形势的变化持续升级。进入新发展阶段，习近平总书记强调，上海要"在推进中国式现代化中充分发挥龙头带动和示范引领作用"。完整准确地理解这一使命的科学内涵是履行好该使命的重要前提。

（二）上海发挥龙头带动和示范引领作用的科学内涵

"龙头带动"和"示范引领"这两个关键词实际上是党中央对上海如何处理与长三角及全国其他区域间协作关系的核心要求。梯度理论认为，不同区域在自然资源、经济基础、社会条件、人力资本、生态环境以及制度设计等方面存在差异，导致区域之间在工业化发展以及工业生产的地域扩散方面呈现梯度性。① 少数核心区或者中心城市成为增长极，而增长极通常情况下对周边地区的经济增长具有辐射和扩散的作用，这一过程表现为区域间经济增长的梯度推移。新经济地理学以"中心-外围"模型为基础对区域间发展关系进行研究解释，② 其核心思想认为，市场分割和运输成本会对区域之间的企业生产和人口流动产生显著影响，并且存在循环累积效果。部分地区由于区位、政策等内生或外生因素占据发展中心地位，随着运输成本、市场规模等的变化，生产活动和人口将在中心和外围地区间进行转移。区域一体化理论认为，降低市场分割和交易成本、提高商品和要素的自由流动水平、提升资源配置效率是区域一体化发展的核心，而区域一体化发展将带来显著的生产和投资转移以及区域成员福利水平提升等效应。③ 关于城市群的理论探讨发现，功能专业化分工是现阶段城市群发展的基础，这种分工模式与产业链分工相似，但已经明显超越了产业发展的限制。④ 在功能

---

① 杨凯、王要武、薛维锐：《区域梯度发展模式下我国工业生态效率区域差异与对策》，《系统工程理论与实践》2013年第12期。

② Paul Krugman, "Increasing Returns and Economic Geography," *Journal of Political Economy*, vol. 99, no. 3, 1991, pp. 483－499; Masahisa Fujita and Paul Krugman, "The New Economic Geography: Past, Present and the Future," *Papers in Regional Science*, vol. 83, no. 1, 2004, pp. 139－164.

③ 柯善咨、郭素梅：《中国市场一体化与区域经济增长互动：1995～2007年》，《数量经济技术经济研究》2010年第5期。

④ 齐讴歌、赵勇、王满仓：《城市集聚经济微观机制及其超越：从劳动分工到知识分工》，《中国工业经济》2012年第1期。

专业化分工的驱动下,生产性服务业将更多向中心城市集聚,发挥总部管理、研发设计等功能,而周边城市则更多发挥生产制造等功能。①

以上研究构成了理解上海在推进中国式现代化中发挥龙头带动和示范引领作用的科学内涵的重要基础,具体来说应包括以下三个方面。一是上海需持续提升其高质量发展水平,围绕中国式现代化的各项要求全面强化自身在全国乃至全球的城市综合竞争实力。这是对上海作为长三角地区龙头城市以及全国重要经济中心城市对其他地区发挥带动和示范作用的核心基础要求。二是上海需持续优化和强化其在长三角地区以及全国的功能定位,聚焦科技创新、产业升级、城市建设、文化发展、生态环境等重点领域,提高自身功能的专业化水平和高端化水平,增强对周边地区以及全国的带动能力。三是上海需进一步强化其在推进中国式现代化中的"试验田"功能,中国式现代化作为习近平新时代中国特色社会主义思想的理论创新成果,其实践过程具有显著的探索性。上海作为国内发达地区,应当在发展模式、体制机制改革等方面发挥优势,大胆探索,勇于试错。此外,需注意龙头带动和示范引领二者之间还存在一定的差别,其中龙头带动更加强调上海要与其他区域在产业链供应链分工、协同创新、要素配置等方面产生实际的、紧密的链接,以引领者的身份发挥辐射带动作用;而示范引领则更加强调上海在自身现代化发展和探索中要积极总结经验教训,打造样板案例,面向全

---

① 马燕坤:《城市群功能空间分工形成的演化模型与实证分析》,《经济管理》2016 年第 12 期。

国加强宣传，为其他地区的现代化发展提供参考和借鉴。

三 上海发挥龙头带动和示范引领 作用的优势与潜力

在推进中国式现代化中发挥龙头带动和示范引领作用首先需要具备较高的综合发展水平，其次需要大胆探索、勇于试错的精神，最后需要国家层面的相关政策及制度保障，而上海在这些方面均具备一定基础。

（一）上海雄厚的综合发展实力奠定重要基础

党的十九大以来，上海坚持贯彻新发展理念，推动高质量发展，持续提升城市能级和核心竞争力。从主要发展任务的进展成效来看，经过"十四五"时期前半段的发展，上海在"五个中心"建设方面成效显著，包括以现代化产业体系构建加快提升经济综合实力，推动高端化、智能化、绿色化发展，带动周边地区强化产业链供应链韧性；金融对外开放程度和服务实体水平持续提升；国际贸易体量稳定增长，对国内其他地区和国际市场的链接能力持续增强；国际航运中心的枢纽地位得到巩固，集装箱吞吐量连续 14 年排名世界第一；国际科技创新中心基本框架已经形成，科技创新的策源功能持续增强。这些构成了上海发挥龙头带动和示范引领作用的重要基础。

从未来进一步发展的要素条件来看，在劳动力方面，2022 年上海常住人口预期寿命为 83.18 岁，与全球预期寿命排名第一的日本差距仅为 1.6 岁，常住人口平均受教育年限为 11.8 年，与新加坡水平相近，这些都为上海未来发展提供了高素质劳动力保障。在固定资产投资方面，"十四五"头三年（2021~2023 年），上海固定资产投资增速平均水平达到近 7%，同期外商直接投资实际到位金额达到年均约 235 亿美元，相较于"十三五"时期实现稳定增长。在数据资产方面，上海持续以基础制度、基础设施和基础要素为关键领域夯实数字城市根基。《中国城市数字竞争力指数报告（2023）》显示，上海总得分排名第一。这些要素资源条件为上海持续实现高质量发展，推进自身中国式现代化并发挥龙头带动和示范引领作用提供了基本保障和充足动力。

（二）上海蓬勃的改革开放活力提供持续动力

改革开放以来，上海始终彰显出蓬勃的生命力和昂扬的进取心，特别是在探索政策制度创新方面长期保有浓厚的积极性。在推动浦东地区开发期间，为了简化外商投资审批手续，优化外商来华投资环境，上海市在时任市长朱镕基的支持下成立了市外资委，专门负责改善外商投资环境，其运行模式被概括为"一个图章"，也就是将引进外资有关的权力职责从各个部门剥离后重新组合，将外商投资过程中需要跑的 20 多个部门、盖的 100 多个图章整合成一个部门、一个图章。这项创新性举措极大便利了外商投资，在当时国内资本稀缺的情况下，对上海浦东开发过程中吸引外资、破解资金匮乏的难题发挥了重要作用。

党的十八大以来，上海持续承担着我国改革开放事业"试验田"的重要使命。2013 年 9 月，中国的第一个自贸试验区在上海诞生。经过十多年不断地探索和创新，上海自贸试验区推出了许多制度创新举措，包括我国第一张外商投资准入负面清单、第一个自由贸易账户、第一批"证照分离"改革、第一个国际贸易"单一窗口"等。截至 2023 年底，在国家层面得到复制推广的 300 多项自贸试验区制度创新成果中，有将近一半是在上海自贸试验区首创或同步先行先试的。2019 年 7 月，上交所发布了我国第一批科创板企业上市安排，开启了资本市场推动注册制改革的新时代。科创板自设立以来积极发挥试验探索功能，在上市审核、并购重组、再融资、信息披露、交易机制等方面推动了一系列制度创新，对支持"硬科技"发展、实现核心技术自主可控、培育布局未来产业等发挥了重要作用。总之，作为我国改革开放的"排头兵""先行者"，上海在过往的经历中积累了丰富的试点和示范经验，同时也激发和强化了创新精神，为在推进中国式现代化中发挥龙头带动和示范引领作用提供了充足的动力。

（三）国家层面的政策制度保障给予重要支撑

党的十八大以来，习近平总书记多次赴上海考察，并且在各种场合强调上海要"当好全国改革开放排头兵、创新发展先行者"，希望上海"勇于挑最重的担子、啃最难啃的骨头，发挥开路先锋、示范引领、突破攻坚的作用，为全国改革发展作出更大的贡献"。① 这些目标要求既是上海追求高质量发展、发挥龙头带动和示范引领

---

① 张芮绮：《学习进行时丨习近平总书记和上海的故事》，http://www.news.cn/politics/xxjxs/2023-11-29/c_1130000103.htm，2023 年 11 月 29 日。

作用的动力，也是上海持续探索创新、推动改革发展的重要支撑。此外，在战略规划制定和支撑保障方面，国家层面也对上海给予了重要支持，多项落地上海的战略规划被定位为国家级发展战略，如推动浦东开发开放、建设上海自由贸易试验区、进行服务业扩大开放综合试点、建设张江综合性国家科学中心等。依托这些国家级发展战略，上海在探索制度创新、发挥先行先试功能、总结可复制经验等方面具备了更加显著的领先优势。

如果将全国视作上海发挥龙头带动和示范引领作用的"大环境"，那么长三角地区就是上海所处的"小环境"，而这一"小环境"为上海发挥龙头带动和示范引领作用提供了较为有利的条件。概括来说，长三角地区整体经济发展水平领先，区域内发展差距相对较小，近年来在共建创新机制、共享创新平台、交通网络互联互通、加快产业跨域协同、持续完善一体化发展体制机制等方面取得了多项重要进展。这些已有成果为上海首先带动长三角地区，继而引领全国推进中国式现代化创造了有利环境。

四 构建完备的政策体系保障上海的龙头带动和示范引领作用发挥

为发挥龙头带动作用，上海需充分把握长三角一体化发展的重大战略机遇，加快构建与龙头带动作用相匹配的跨地区政策协同机制；为发挥示范引领作用，上海需围绕中国式现代化的科学内涵要求，开展政策试点工作，并打造示范样本向全国推广政策经验，加快形成与示范引领作用相适应的政策试点推广机制；为保障各项政策的顺利实施，上海需加快完善政策实施相关的基础体制机制保障。

（一）加快构建与龙头带动作用相匹配的跨地区政策协同机制

首先，上海在推进中国式现代化中发挥龙头带动作用不仅需要上海的持续努力，而且需要国家从强化顶层设计的角度出发，加强规划引领和统筹协调，提升政策一致性，同时引导长三角地区以及与上海在产业链、供应链等方面深度融合的其他地区积极参与。其次，在部分合作紧密的地区之间，特别是在长三角地区，加快完善区域合作机构组织框架，建立能够打破现有行政架构的沟通交流机制，形成有效的跨区域沟通协作机制，为区域间深度合作和融合发展提供灵活的对话渠道，从而提升跨层级、跨区域的政策协同效率。最后，需要从中央层面持续发力推动地方政府职能改革和优化。地方政府在经济增长上的横向竞争是其长期扮演"准市场主体"角色，产生地方保护和行政壁垒的关键。构建跨地区政策协同机制需要从中央层面发力，优化对地方政府的考核和激励机制，从而激发地方政府加强政策协同、开展深度合作的积极性，更大限度地发挥上海的龙头带动作用。

（二）加快形成与示范引领作用相适应的政策试点推广机制

首先，上海需建立高效的试点政策筛选机制。推进中国式现代化是一项系统工程，上海需要结合自身实际情况，设计政策框架和实践路线，选择最具紧迫性和普适性的领域形成改革方案和具体政策措施并加快开展试点。其次，上海需建立科学的政策监督和评价机制。在政策试点的过程中，需要依据政策的执行主体、实施过程、实际效果等方面建立科学系统的评价体系，实现事中监督和事后评价。最后，上海还需增强对政策实施经验效果的总结和推广宣传。发挥示范引领作用的关键不仅仅在于先行者要为后来者示范"能做到什么"，更重要的是要告诉后来者"如何做到"。因此，上海需要结合自身政策试点经验，积极进行总结、推广和宣传，为全国其他地区推进中国式现代化提供具有参考价值的借鉴启示。

（三）加快完善政策实施相关的基础体制机制保障

为保障各项政策的顺利实施，上海需重点关注两个方面的制度完善。一方面是以政府治理现代化加快推动中国特色社会主义民主政治发展，提升政府决策的包容性和透明性，增强人民群众在推进中国式现代化过程中的参与感和获得感。在政策制定和实施过程中，加快完善政务信息公开渠道，鼓励和保障公民积极参与地方治理。另一方面是从立法、司法、执法等多个环节入手增强地方法制建设，提升地方治理法治化水平。地方治理法治化的基础是法律法规等制度建设。2015 年《中华人民共和国立法法》的修改带来了地方立法权限的进一步扩容，上海需从突出特色和回应实际问题需求的角度出发，增强推进中国式现代化相关政策举措的法制保障，做好地方立法工作，提升政府机构的依法行政能力。

上海浦东打造社会主义现代化建设引领区的重大意义、行动蓝图和路径举措

上海建设"社会主义现代化建设引领区"的
理论与实践探索课题组[*]

摘　要：2020 年 11 月，习近平总书记出席浦东开发开放 30 周年庆祝大会并发表重要讲话，明确提出推动浦东新区打造社会主义现代化建设引领区，浦东开发开放迎来了新的历史机遇。在习近平新时代中国特色社会主义思想指引下，上海浦东坚定不移吃改革饭、走开放路、打创新牌，积极探索区域协同

[*]　课题组成员：张冠梓，中国社会科学院信息情报研究院党委书记、院长，二级研究员；景向辉，中国社会科学院信息情报研究院研究员；李红霞，中国社会科学院信息情报研究院副研究员；王娜娜，中国社会科学院信息情报研究院副编审；王文君，中国社会科学院信息情报研究院助理研究员；刘仝，中国社会科学院信息情报研究院编辑；朱晶晶，中国社会科学院信息情报研究院编辑；宋诚，中国社会科学院信息情报研究院助理编辑。

发展，依托自贸试验区打造服务"一带一路"建设的桥头堡，进一步发挥"三个服务"的作用，取得了举世瞩目的发展成就。推动浦东新区打造社会主义现代化建设引领区，是推动全面建设社会主义现代化国家的战略选择，是加快构建新发展格局的关键一招，也是服务全国大局和带动长三角一体化发展的重大举措。浦东必须按照习近平总书记的重要讲话精神，坚决贯彻党中央、国务院的决策部署，上下联动、精准发力，以钉钉子精神推动各项任务举措逐项落地、全面见效。

关键词：社会主义现代化建设引领区　改革开放　自贸试验区

2020年11月12日，习近平总书记在浦东开发开放30周年庆祝大会上发表重要讲话时提出，党中央"将赋予浦东新区改革开放新的重大任务"①，要求浦东"努力成为更高水平改革开放的开路先锋、全面建设社会主义现代化国家的排头兵、彰显'四个自信'的实践范例，更好向世界展示中国理念、中国精神、中国道路"②。习近平总书记的重要讲话赋予了浦东新区（以下简称浦东）改革开放新的重大使命，用"两个放在"深刻阐明了浦东发展的新方位，用"一个引领区、三个成为、三个展示"鲜明确立了浦东发展的新

---

① 习近平：《在浦东开发开放30周年庆祝大会上的讲话》，《人民日报》2020年11月13日，第2版。

② 习近平：《在浦东开发开放30周年庆祝大会上的讲话》，《人民日报》2020年11月13日，第2版。

定位，用"五个新"精准指明了浦东发展的新路径，① 为浦东推进新时代高水平改革开放指明了前进方向、提供了根本遵循。

2021 年 7 月 15 日，《中共中央　国务院关于支持浦东新区高水平改革开放打造社会主义现代化建设引领区的意见》（以下简称《意见》）正式发布，标志着上海浦东立足新发展阶段，肩负起新使命，踏上了更高水平改革开放的新征程。与 30 年前相比，浦东所面临的国际形势、发展阶段、国内格局、自身基础、区域竞合等方面均有了巨大变化。浦东作为改革开放的最前沿，面临的挑战艰巨。新征程上，浦东的发展面临"两个大局"，处在构建以国内大循环为主体、国内国际双循环相互促进的新发展格局中，要准确把握支持浦东高水平改革开放、打造社会主义现代化建设引领区的总体方向，全力做强创新引擎，打造自主创新新高地，从增长、窗口型引领向功能、制度型引领转变。未来，上海在打造社会主义现代化建设引领区时要把握时与势，应对危和机，按照新蓝图，争取到 21 世纪中叶，在理念、模式、规则等方面加速从引领全国转向引领世界经济，以人民为中心，提高治理现代化水平，打造超大城市治理样板，为实现中华民族伟大复兴做出更大贡献。

一　浦东开发开放的历史进程与辉煌成就

浦东开发开放 30 多年的历史进程可归纳概括为三个发展阶段。

---

① 颜维琦、曹继军：《"开路先锋"再出发——专家学者谈浦东打造社会主义现代化建设引领区》，《光明日报》2021 年 7 月 16 日，第 2 版。

一是 1990~2002 年浦东率先开放、快速发展阶段。二是 2002~2012 年浦东以开放促改革、全面开发阶段。① 三是党的十八大召开，标志着中国特色社会主义进入了新时代。以习近平同志为核心的党中央对上海作出了一系列重要指示和重大部署，要求上海当好全国改革开放排头兵、创新发展先行者。特别是 2018 年 11 月 5 日，习近平主席在首届中国国际进口博览会开幕式上发表的主旨演讲中宣布，"为了更好发挥上海等地区在对外开放中的重要作用，我们决定，增设中国上海自由贸易试验区的新片区；在上海证券交易所设立科创板并试点注册制；支持长江三角洲区域一体化发展并上升为国家战略"。② 2020 年 11 月，习近平总书记出席浦东开发开放 30 周年庆祝大会并发表重要讲话，明确提出推动浦东新区打造社会主义现代化建设引领区，浦东开发开放迎来了新的历史机遇。在习近平新时代中国特色社会主义思想指引下，上海浦东按照党中央国务院的定位要求，坚定不移吃改革饭、走开放路、打创新牌，积极探索区域协同发展，依托自贸试验区打造服务"一带一路"建设的桥头堡，进一步发挥"三个服务"的作用，取得了举世瞩目的发展成就，成为彰显中国智慧、中国方案、中国道路、中国效率的典范。③

伴随着中国改革开放的伟大进程，肩负着国家战略的浦东，始

---

① 辛向阳、沈阳：《打造社会主义现代化建设引领区的理论与实践探索——浦东开发开放历程回顾与前瞻》，《行政管理改革》2021 年第 12 期。

② 《习近平出席首届中国国际进口博览会开幕式并发表主旨演讲》，《人民日报》2018 年 11 月 6 日，第 1 版。

③ 辛向阳、沈阳：《打造社会主义现代化建设引领区的理论与实践探索——浦东开发开放历程回顾与前瞻》，《行政管理改革》2021 年第 12 期，第 10~11 页。

终以先行改革闯新路，以扩大开放添活力。经过30多年的发展，浦东取得了举世瞩目的成就，在一片农田上建成了一座功能集聚、要素齐全、设施先进的现代化新城，成为我国改革开放的象征和上海现代化建设的缩影，[①] 成为中国特色社会主义制度优势的鲜活明证，为改革开放和社会主义现代化建设提供了最生动的实践范本。"十三五"以来，浦东坚定不移贯彻新发展理念，持续深入落实自贸试验区、科创中心、"三大任务、一大平台"等国家战略，全面实施"四高战略"，全方位推进"五大倍增行动"，积极应对各种风险挑战，经济实现跨越式发展。2023年地区生产总值1.68万亿元；改革开放走在全国前列，328项制度创新成果在全国复制推广；核心竞争力大幅度增强，承载了上海国际经济中心、金融中心、贸易中心、航运中心、科技创新中心建设的核心功能；城乡环境面貌根本性改变，人民生活水平整体性跃升；基本建成上海"四个中心"核心区以及具有全球影响力的科创中心核心区框架，基本建成体现社会主义现代化国际大都市风貌的开放型、多功能、现代化的新城区，率先构建了与高标准投资贸易规则相衔接的市场化、法治化、国际化的营商环境，取得了举世瞩目的发展成就。

二　上海浦东打造社会主义现代化建设引领区的重大意义

习近平总书记在浦东开发开放30周年庆祝大会上的重要讲话指

---

① 王延：《区委中心组专题开展"新中国史"学习》，https://www.thepaper.cn/newsDetail_forward_7594849，2020年5月28日。

出，"要把浦东新的历史方位和使命，放在中华民族伟大复兴战略全局、世界百年未有之大变局这两个大局中加以谋划，放在构建以国内大循环为主体、国内国际双循环相互促进的新发展格局中予以考量和谋划"。① 这一重要要求深刻阐明了浦东在党和国家事业发展全局中的重要作用，也鲜明揭示了党中央支持浦东高水平改革开放、打造社会主义现代化建设引领区的重大意义。

（一）推动全面建设社会主义现代化国家的战略选择

20世纪90年代初，面对复杂多变的国际风云和改革开放的严峻考验，党中央作出开发开放浦东的重大决策，掀开了改革开放向纵深推进的崭新篇章。30年后，浦东以傲人风貌、瞩目成就，成为中国特色社会主义制度优势最鲜活的现实明证、改革开放和社会主义现代化建设最生动的实践写照。② 在全面建设社会主义现代化国家新征程上，以习近平同志为核心的党中央高瞻远瞩、回顾历史、展望未来，习近平总书记亲自谋划、亲自推动，在我国区域经济版图发展的"大棋局"上再一次"精准落子"，决定支持浦东打造社会主义现代化建设引领区，就是要浦东在新征程上，迎难而上、冲锋在前、勇立潮头、搏击风浪，勇于挑最重的担子、啃最硬的骨

---

① 习近平：《在浦东开发开放30周年庆祝大会上的讲话》，《人民日报》2020年11月13日，第2版。
② 何立峰：《支持浦东新区勇当更高水平改革开放开路先锋 打造社会主义现代化建设引领区》，《人民日报》2021年7月16日，第7版。

头，发挥"牵一发而动全身"的重要作用，① 为向第二个百年奋斗目标胜利进军发挥关键作用。

（二）加快构建新发展格局的关键一招

面对百年未有之大变局，党中央果断作出加快构建新发展格局的重大战略部署，这是把握大势、变危为机的战略性布局和先手棋，能够将未来发展的主动权牢牢掌握在自己手中。构建新发展格局，必须具备强大的国内经济循环体系和稳固的基本盘，并以此形成对全球要素资源配置的强大吸引力、强大竞争力和强大推动力。经过 30 多年的发展，背靠超大规模国内市场，浦东在科技创新、要素集聚、基础设施、市场体系建设等方面已经取得了显著成绩，具备得天独厚的优势。支持浦东高水平改革开放，就是要浦东全力做强创新引擎，深入推进高水平制度型开放，为更好利用国内国际两个市场两种资源提供重要通道，构建国内大循环的中心节点和国内国际双循环的战略链接，② 打造全面建设社会主义现代化国家窗口，牵引塑造我国参与国际合作和竞争的新优势，推动实现经济高质量发展。

（三）服务全国大局和带动长三角一体化发展的重大举措

上海是我国最大的经济中心城市和推动长三角一体化发展战略

---

① 何立峰：《支持浦东新区勇当更高水平改革开放开路先锋 打造社会主义现代化建设引领区》，《人民日报》2021 年 7 月 16 日，第 7 版。
② 何立峰：《支持浦东新区勇当更高水平改革开放开路先锋 打造社会主义现代化建设引领区》，《人民日报》2021 年 7 月 16 日，第 7 版。

的龙头，浦东承载了上海"五个中心"建设的重要功能。支持浦东高水平改革开放，就是要浦东从问题导向出发，坚持底线思维和忧患意识，完整准确全面地把握和贯彻创新、协调、绿色、开放、共享的新发展理念，探索将新发展理念创新性、创造性地转化为发展实践的方式路径，① 参与服务"一带一路"建设和长三角一体化发展，带动上海，进而带动长三角和长江经济带高质量发展，为提升我国经济总体效率注入强劲动力、提供示范样板，实现更大范围、更宽领域、更深层次的全面开放，服务和融入新发展格局。

三 社会主义现代化建设引领区的行动蓝图

结合新的国际国内发展形势，对照《意见》内容，可以发现，社会主义现代化建设引领区的核心要义和主要目标在于"引领"，要探索未知、敢试敢闯、推广经验；根本要求是"高水平"，要提供高水平制度供给、高质量产品供给、高效率资金供给；重要功能是"战略链接"，要链接全球和高质量发展，让经济循环畅通无阻，具有战略使命性、创新突破性和全局驱动性。引领区在功能完备的基础上，要在理念、规则、模式、制度方面从引领全国向引领世界转变，目标是将浦东建设成为在全球具有强大吸引力、创造力、竞争力、影响力的城市重要承载区，城市治理能力和治理成效的全球典范，社会主义现代化强国的璀璨明珠。

---

① 何立峰：《支持浦东新区勇当更高水平改革开放开路先锋 打造社会主义现代化建设引领区》，《人民日报》2021 年 7 月 16 日，第 7 版。

（一）夯基垒台阶段

从《意见》发布到 2025 年，是浦东打造引领区的夯基垒台阶段，这一阶段的核心任务是全面落实相关实施方案，重在方案落地过程中各类平台、机构、制度和政策的耦合试错、实时纠偏和系统集成，以影响力为关键，以若干制度创新成果和发展绩效为标志，磨合形成引领区整体框架，确保浦东迈向自我驱动和良性循环的发展新征途。① 此阶段，要让打造社会主义现代化建设引领区取得重大进展，实现"五大倍增行动"有力完成，推动张江科学城等加快建设，打造高端产业引领极，成为科技创新策源地，现代化经济体系建设取得重大进展，推动高质量发展取得显著成效；一批重点领域和关键环节改革取得新的重大突破，规则、规制、管理、标准等制度型开放迈出坚实步伐，自贸试验区及临港新片区建设不断深化，更高水平开放型经济新体制基本形成，市场化、法治化、国际化的一流营商环境更加完善，与国际通行规则相衔接的制度体系更加成熟，成为高水平开放的门户枢纽，推动五大中心建设全面深化，成为全球资源配置核心；让经济治理、社会治理、城市治理统筹推进和有机衔接的治理体系更加成熟，实现开放透明、公平规范、活力迸发的现代经济治理体系基本形成，科学化、精细化、智能化的现代城市治理体系基本形成，在高效能治理上率先走出新路；织密社会民生服务网，提升现代文化吸引力，构建城乡融合共

---

① 徐建：《浦东新区打造社会主义现代化建设引领区的全新内涵和推进路径》，《科学发展》2022 年第 158 期，第 8 页。

同体，建设美丽宜居生态城，推动人均可支配收入迈上新台阶，人均生产总值达到 4 万美元以上，不断满足人民对美好生活的需求，共建共享高品质生活。

（二）功能成型阶段

这一阶段主要覆盖 2026~2035 年，核心任务是在功能框架全搭建的基础上，对标全球顶尖城市，持续充实和夯实功能内核，以竞争力为关键，以重大功能平台和创新成果为标志，尤其要在全球资源配置和科技创新策源等两大核心功能上比肩全球最高水平，成为全球要素流动网络、资源配置网络、创新网络的核心节点，确保国家层面的资本跨境自由流动和产业链、供应链安全。[①] 主要目标是"五大中心"建设全面升级，城市发展能级和国际竞争力跃居世界前列，现代化经济体系全面构建，高水平开放型经济新体制全面完善；现代化城区全面建成，高品质生活全面共享；现代化治理全面实现，城市数字化转型全面完成，基本建成具有世界影响力的社会主义现代化国际大都市核心区，成为我国社会主义现代化建设引领区，向世界展示中国特色社会主义制度的强大生命力和旺盛活力。

（三）功能成熟升级阶段

这一阶段主要覆盖 2036 年到 21 世纪中叶，核心任务是浦东社会主义现代化建设引领区功能完备基础上的可持续发展，以持续力

---

① 徐建：《浦东新区打造社会主义现代化建设引领区的全新内涵和推进路径》，《科学发展》2022 年第 158 期，第 8~9 页。

为关键，以全球最优综合性功能和最强核心功能为标杆，在理念、模式、规则等方面加速从引领全国转向引领世界经济，成为全球竞争力极点区域，确保中国世界强国的稳固地位。① 最终目标是到 2050 年，将浦东建设成为在全球具有强大吸引力、创造力、竞争力、影响力的城市重要承载区，城市治理能力和治理成效的全球典范，社会主义现代化强国的璀璨明珠。②

四　社会主义现代化建设引领区的路径举措

《意见》绘制了浦东打造社会主义现代化建设引领区的宏伟蓝图，提供了根本遵循。当前主要任务是深入学习贯彻习近平总书记在庆祝中国共产党成立 100 周年大会上的重要讲话精神和在浦东开发开放 30 周年庆祝大会上的重要讲话精神，按照党中央、国务院决策部署，上下联动、精准发力，以钉钉子精神推动各项任务举措逐项落地、全面见效。

（一）全力做强创新引擎，打造自主创新新高地

创新在发展全局中居于核心地位。要把科技自立自强作为战略支撑，面向世界科技前沿、面向经济主战场、面向国家重大需求、面向人民生命健康，充分发挥浦东在上海建设具有国际影响力的科

---

① 徐建：《浦东新区打造社会主义现代化建设引领区的全新内涵和推进路径》，《科学发展》2022 年第 158 期，第 8~9 页。

② 《上海市国民经济和社会发展第十四个五年规划和二〇三五年远景目标纲要》，2021 年 1 月。

技创新中心中的核心作用。

第一，加快综合性国家科学中心建设。要以张江综合性国家科学中心建设为核心，布局"大科学"装置，集聚高水平研究机构，培育人才竞争优势，为基础性、前瞻性、创新性和引领性的科学研究提供保障，紧紧围绕国家重大战略任务，推进张江科学城扩区提质，建设国际一流的张江科学城。一是构建具有世界先进水平的重大科技基础设施群。打造全球领先的光子科学和生命科学设施集群；提升"大科学"基础装置服务效能，探索科学有效的运行管理机制与多元参与的运行投入机制，吸引国内外科研团队入驻聚集，强化"大科学"设施的服务力和辐射力。二是持续推动高水平研究机构集聚。一方面，推动研究型和创新型大学建设，支持区内多所大学和科研院所在多个学科交叉前沿领域取得重大原创性研究突破；另一方面，集聚国内外顶尖的基础研究机构和新型研发机构，聚焦集成电路、生命科学、人工智能等领域，加快推进国家实验室建设，布局和建设一批国家工程，加快推进上海国际人类表型组研究院、李政道研究所、上海脑科学与类脑研究中心、上海量子科学研究中心等一批重点研究机构建设。三是集聚更多创新创业人才及团队。通过建立全球高端人才引进"直通车"制度、优化人才创新创业服务体系、加大人才宜居安居保障力度等政策，率先实行更加开放、更加便利的人才引进政策，聚焦集成电路、生物医药、人工智能等重点领域，加快集聚高端产业、基础研究优秀人才。

第二，推动创新链、产业链、价值链融合发展。在全球创新链、产业链、价值链重塑之际，我国面临的"卡脖子"问题比较突出。要聚焦"卡脖子"环节和共性技术领域，紧扣经济发展和民生所需，把准科技创新的着力点，推动"三链"融合发展，着力打造成果转化基地。一是加强关键核心技术攻关。聚焦硬核产业核心技术突破，锚定未来，通过技术发展路线图，推进集成电路、生物医药、人工智能、大飞机等关键核心技术领域与数字孪生、生物芯片、深度神经网络、量子计算、区块链等前沿技术的攻关，争取更多"从 0 到 1"的突破。推进共性关键技术和产品攻关及应用，支持相关科研院所和龙头企业在重点产业领域打造一批国际性、市场化的科技成果转化平台。二是深化产学研协同创新，深入推动院地合作、校企合作，支持有实力的企业主动承担国家和市级重大项目，鼓励本土企业赴海外设立创新中心，加快外资研发中心集聚发展，开展协同创新工作。

第三，优化多元开放协同的创造、创新、创业生态。聚焦科技企业成长的全生命周期，围绕技术研发、金融、数据、知识产权等关键要素，因需施策，疏通基础研究、应用研究和产业化双向链接的快车道，为创新创业发展提供全方位支撑保障。① 一是完善全生命周期的创新孵化体系。支持高校、科研院所及特色园区建设孵化器和加速器；依托长三角产业集群优势，建立一批科研成果转化、孵化基地；探索科创总部园区建设。依托上述孵化器和加速器进行布局，推动浦东硬核产业发展壮大。二是深化全链条的科技公共服务体系。加强科技公共服务平台建设，发挥国家重点实验室、工程技术研究中心、专业技术服务平台等集聚效能，打造科技公共服务

---

① 《上海市国民经济和社会发展第十四个五年规划和二〇三五年远景目标纲要》，2021 年 1 月。

平台体系和品牌；完善科技创新企业支持体系；实施高新技术企业倍增计划，力争到 2025 年实现总数突破 8000 家；打造大中小企业融通发展新格局，畅通它们之间的信息、资源等渠道，达到资源共享、协同创新、融合发展的效果，促进其良性共生、协同发展，同时大力发展专业技术交易服务，加强科学技术普及。三是构建全覆盖的科技投融资体系。比如，完善股权投资结构、深化投贷联动、推动成熟科技企业上市融资等。其中，科创板、创业板注册制改革为金融资源对科创资源的撬动提供了契机，可以借此机会更好助力金融和创新融合发展。此外，在上述各项举措落地的过程中还需要健全全方位的知识产权保护体系，为科技创新保驾护航。

（二）推进高水平制度型开放，加强改革系统集成，努力成为更高水平改革开放的开路先锋

浦东要瞄准更深层次改革、更高水平开放，坚持以制度创新为核心，推进更多首创性、引领性改革开放举措，率先构建高水平开放型经济新体制，推动各方面制度更加成熟、更加定型。

第一，深入推进与国际规则有效衔接的高水平制度型开放，增创国际合作和竞争新优势。应着力推动规则、规制、管理、标准等制度型开放，提供高水平制度供给、高质量产品供给和高效率资金供给，更好地参与国际合作与竞争。在浦东全域打造特殊经济功能区，加大开放型经济的风险压力测试，着力率先建设开放型经济体制。一是深化自贸试验区制度创新。对标最高标准、最高水平，实行更大程度压力测试，推进上海自贸试验区及临港新片区先行先试，为全国推进制度型开放探索经验。二是推进自贸试验区各片区

协同发展。加强上海自贸试验区各片区联动，在制度创新、产业升级、功能拓展等方面优势互补。加强上海自贸试验区和张江国家自主创新示范区"双自联动"。①

第二，发挥长三角一体化龙头辐射和共建"一带一路"桥头堡作用。即充分利用国家政策聚集的优势，统筹内外开放，更好地引领带动长三角一体化发展，服务共建"一带一路"，从而实现更大范围、更宽领域、更深层次的全面开放，助力构建新发展格局。一是当好服务长三角发展的大平台、大通道、大跳板。积极推进以"一业一证"等为牵引的综合性改革，推动长三角内部分工合作，引领制度创新，当好改革开放开路先锋。进一步强化科技创新策源功能，推动张江、合肥两大中心合作，引领科创策源，当好协同创新核心磁场。进一步做强硬核产业集群长板，促进产业链、供应链、价值链协同布局，引领高端突破，当好产业升级龙头引擎。进一步提升"五个中心"核心功能和资源要素全球配置能力，成为长三角利用两个市场两种资源的节点，引领要素流动，当好资源配置枢纽。二是强化服务共建"一带一路"桥头堡作用。通过"一带一路"建设促进各领域互联互通。在互认机制、溯源机制、产品标准等方面与共建国家地区加强交流合作，提升各类平台服务能级。完善风险防范和海外权益保护机制，探索建立海外知识产权风险预警和快速应对机制，研究境外投资项目事中事后监管办法，加强海外风险评估、预警预防和处突能力，完善各种服务保障机制。

---

① 《上海市国民经济和社会发展第十四个五年规划和二〇三五年远景目标纲要》，2021 年 1 月。

　　第三，实施更深层次综合改革，加强改革系统集成，激活高质量发展新动力。应聚焦基础性和具有重大牵引作用的改革举措，从事物发展全过程、产业发展全链条、企业发展全生命周期出发谋划设计改革，加强重大制度创新的联动和配套衔接，营造长期稳定的制度环境，推动各方面制度更加完善。一是探索综合性改革试点，打造"整体政府"。例如，探索审批、监管、服务一体化的要素管理模式，构建以信用为基础的新型审批监管机制，全面提升政府数字化办公能力，不断深化"一业一证"改革。围绕企业开办、市场准入、项目建设、融资信贷等方面加强重点行业改革，全方位降低制度性交易成本。健全要素市场一体化运行机制，健全完善全覆盖的社会信用体系，深入推进教育、医疗、养老、文化等公共服务领域改革，统筹推进各领域改革。二是打造市场化、法治化、国际化的一流营商环境。探索试点商事登记确认制和市场准营承诺即入制，制定浦东放宽市场准入特别措施清单。关注企业开办、证照办理、施工许可、财产登记等市场准入关键环节，进一步压缩办理环节、成本和时间，提升企业准入便利化水平，着力打造更加开放透明的市场准入环境。为企业提供公开、透明、可预期的市场经营环境，全面落实外商投资准入前国民待遇加负面清单管理制度，建立以信用为基础的涉及事前、事中、事后全监管环节的新型监管机制，打造更加公平公正的企业经营环境。提升政务办理数字化水平，让各类政务事项实现"智办"，着力打造更加高效便捷的政务服务环境。建立完善与支持浦东"大胆试、大胆闯、自主改"相适应的法治保障体系，为市场主体提供更加多元、便捷、高效的纠纷解决服务，打造更加安全规范的法治保障环境。

（三）增强全球资源配置能力，打造国内大循环中心节点和国内国际双循环战略链接

围绕增强全球资源配置功能，加强对资金、信息、技术、人才、货物等要素的全球性配置，进一步促进"五个中心"深度融合，全面提升服务辐射半径并提高辐射力、影响力、带动力，率先打造国内大循环的中心节点和国内国际双循环的战略链接。

第一，显著提升国际金融配置能力。近年来，我国金融科技加速发展，展示出惊人的发展潜力和巨大的"造富"能量。"十四五"时期，浦东要抢抓发展机遇，构建更具国际竞争力的金融市场体系、产品体系、机构体系、基础设施体系，增强浦东全球资本配置能力、金融创新能力和风险监管能力，守住金融风险防范底线，把浦东新区建设成为金融资源高度集聚、制度规则与国际接轨、在岸离岸统筹发展、与我国经济实力和人民币国际地位相适应的国际金融中心核心区。一是建设国际金融资产交易平台，助推要素市场体系更优、规模更大、功能更强、开放度更高，在规则体系方面与国际进一步接轨。不断扩大证券市场"沪伦通""沪港通"额度。进一步完善注册制，加快科创板制度改革，提升人民币金融资产的定价能力和话语权，打造全球人民币离岸金融中心，建设更加开放的金融市场体系和基础设施体系。二是加大上海证券交易所公司专项债发行力度，积极支持优质民营企业发债融资，推动多层次债券市场建设，支持中国外汇交易中心适时开放债券回购等更多交易品种，建设更加创新的金融市场产品体系。三是打造全球顶级资产管理中心、全国性融资租赁中心、国际

保险和再保险中心、高能级持牌类机构集聚高地、全球金融科技高地等，建设能级更高的金融机构体系。四是着力发展科创金融，推进陆家嘴金融城与张江科学城"双城辉映"，为外贸、航运、进出口等受外部经济因素影响较大的行业提供更具针对性、吸引力的金融支持政策，为产业发展提供更系统精准的金融解决方案。五是健全金融风险防控机制。牢牢守住金融风险底线，确保不发生系统性、区域性金融风险。①

第二，持续增强国际贸易枢纽功能。随着国际市场格局加速演变和全球供应链重塑，要充分发挥浦东开放型经济体制优势，发挥自贸试验区、科创中心建设、长三角一体化等国家战略和区位叠加优势，统筹国内国际，把浦东打造成为离世界更近、开放度更高、辐射性更强、产业配套更优、市场主体体验度更佳的国际贸易中心核心区。一是持续扩大贸易规模。放大进博会的溢出带动效应，推动高端消费保税展示交易平台建设，将浦东打造成全球优质的进口商品集散地。做大做强医疗器械、红酒、钟表贸易、汽车进口等各类进出口贸易平台。以洋山特殊综合保税区建设为契机，支持企业以保税物流或其他贸易方式进出口，并向国内或国际开展货物分拨业务，强化国际贸易分拨功能。② 把握住构建新发展格局的定位，强化对长三角地区的辐射服务，加强与共建"一带一路"国家贸易便利化合作。二是通过实施"全球营运商计划"（GOP），打造贸易

---

① 《上海市国民经济和社会发展第十四个五年规划和二〇三五年远景目标纲要》，2021 年 1 月。

② 《上海市国民经济和社会发展第十四个五年规划和二〇三五年远景目标纲要》，2021 年 1 月。

价值链上的高能级枢纽，吸引全球先进产品和技术等展示平台落地，提升贸易主体能级。三是不断优化贸易结构。不断提高集成电路、医疗器械、计算机与通信技术等高新技术、高附加值产品在贸易中的比重，不断拓展服务贸易发展领域，促进货物贸易与服务贸易协调发展。通过 AI、5G、互联网、大数据、区块链等智能交互技术赋能，培育建立一批以数字服务出口为导向、具有较强带动作用的基地，大力发展数字贸易。深化离岸转手买卖先行示范区建设，完善企业、政府、第三方专业机构信息共享平台，加快发展离岸贸易。发挥上海市跨境电子商务示范园区作用，引进更多高能级跨境电商平台类企业入驻，建设跨境电子商务综合试验区。

第三，着力提高国际航运服务能级。坚持系统集成、高端引领、枢纽开放、技术领先、服务高效等建设原则，加强区域发展协同和内涵能级提升，推动构建更有国际竞争力的创新便利航运制度体系、更有国际辐射力的高能级航运要素体系、更有国际引领力的现代化航运基础设施体系，将浦东打造成为世界领先的海空枢纽门户。一是建设辐射全球的航运枢纽。强化浦东港口、机场与长三角港口群、机场群一体化发展，加强江海陆空铁紧密衔接，探索创新一体化管理体制机制。加快同长三角共建辐射全球的航运枢纽，提升整体竞争力和影响力。完善海港枢纽和集疏运体系。推进沪通铁路二期项目，建设外高桥港区铁路专用线，协同推进沿江通道浦东段建设，优化外高桥地区疏港条件，支持外高桥港区自动化升级和技术改造。促进洋山四期自动化码头效能释放，推动芦潮港内河港区投运，提升现有设施作业效率。推进建设临港多式联运中心，实现洋山深水港与水路、铁路、公路的高效衔接。完善临港地区港口岸线布局。① 二是促进高端航运产业发展。加快集聚总部型航运企业和机构，拓展航运金融新业务新模式，通过国产豪华邮轮制造、大飞机总装等业务推动高端制造业集群发展。充分激发各类主体的创新动力和活力，推进航运与科技融合发展，增强数字化航运竞争力，降低航运成本，以科技赋能航运，发展航运新模式新业态。持续推进黄浦江东岸现代航运服务业发展带建设，优化航空产业布局。三是探索系统集成的航运制度创新。进一步对标国际，在洋山港试点实施与国际惯例接轨的船舶登记管理制度，推进国际航运制度先行先试。实施国际航运资金便利收付的跨境金融服务制度，优化金关二期功能，开展国际航运服务创新试点。四是通过深化航运公共服务平台建设，打造中国航海日、中国国际海事会展、国际航运战略发展研讨会等具有影响力的航运品牌活动集聚地，进一步营造航运文化氛围，优化航运整体发展环境。

第四，加快建设国际消费中心。集聚高端消费品牌，丰富消费内容，创新消费模式，提升消费环境，不断推进消费品质升级和消费结构优化，不断增强消费中心与其他中心功能融合发展，以高质量供给适应、引领、创造新需求，构建全区域、全领域、全场景的"全域消费"新态势，加快建设国际消费中心。一是打响高端消费品牌。推进全球消费品牌集聚计划，鼓励引入国内外知名品牌商和零售商开设品牌首店、旗舰店、体验店，吸引国内外知名品牌、原创设计师品牌、高级定制品牌在浦东首发新品，擦亮"上海购物"

---

① 《上海市国民经济和社会发展第十四个五年规划和二〇三五年远景目标纲要》，2021 年 1 月。

"浦东品质·购享生活"名片，实现在浦东"买全球""卖全球"。二是进一步凸显国际消费特点、创造入境消费热点、引爆时尚消费燃点，丰富时尚消费内容。三是创新现代消费模式。顺应消费升级趋势，创新文体旅商融合、线上线下联动的新兴模式，促进新消费规模化发展，把握个性化、多元化消费需求，挖掘细分市场消费潜力，加快传统线下业态数字化改造和转型升级，发展"云购物、云服务、云终端、云供应"，以数字赋能实体商业场景，支持无人商店、无人餐厅、自动贩卖货架等科技零售业态，推动线上线下融合消费双向提速。四是通过推动实体商业转型升级，提升品质消费环境，完善消费标准体系，营造安全放心的市场环境。五是不断完善商业布局，形成由世界级地标商圈、市级商业中心、地区商业中心、社区商业中心构成的商业布局体系。

（四）以人民为中心，提高治理现代化水平，打造超大城市治理样板

恪守以人民为中心的发展思想，践行"人民城市人民建、人民城市为人民"重要理念，推进系统治理、依法治理、综合治理、源头治理，推动治理手段、治理模式、治理理念创新，促进治理数字化转型，打造科学化、精细化、智能化的超大城市新范式，率先构建各方面治理统筹推进和有机衔接的治理体系，努力营造更有序、更安全、更智慧、更具活力、更有温度、更加开放的城市环境。

第一，构建城市智慧生命有机体。以大数据、云计算、区块链、人工智能等新一代信息技术赋能，以"数据+场景"双轮驱动，

推动城市治理数字化，创造性地解决群众和市场主体关切的治理难题，进一步增进城市多重复杂系统的运行效率、配置效率和产出效率。以"用、融、通、智、效"建设覆盖经济、社会、城市的全领域、全要素、全闭环的治理平台和管理平台，让数字时代红利全面惠及城市治理各个方面，实现政府决策科学化、公共服务高效化、社会治理精准化，构建城市智慧生命有机体。一是创新治理理念，将群众和市场主体诉求作为治理体系活的灵魂。以人民群众和市场主体诉求为导向，开发更多便民应用和"实战"场景，践行"以人民为中心"的发展思想；以数字驱动流程再造，精准施策、科学治理，践行"整体政府"服务理念；针对各区域特征，强化系统集成、整体提升，推动经济、社会、城市治理协同发展。二是创新治理模式，将经济、社会、城市治理统筹推进和有机衔接作为基本框架。坚持面向市民、基层、市场，以治理平台整合为抓手，推动治理要素复合、治理资源协同。同时，利用数据共享和流程再造，在治理机制上实现全周期的闭环联动。三是创新治理手段，将治理数字化转型作为城市治理现代化的突破路径。对数据要加强采集、协同、共享和应用；对于城市智慧生命有机体，城市大脑起到中枢作用，要提高城市大脑的感知、认知和行动能力，推动其循环迭代、不断升级，实现政务服务"一网通办"，城市运行和管理"一网统管"。

第二，不断健全共建共治共享的社会治理格局。坚持党对基层社会治理的全面领导，推动社会治理重心向基层下移，倾听群众呼声，以百姓心为心，进一步完善党委领导、政府负责、民主协商、社会协同、公众参与、法治保障、科技支撑的社会治理体系，破解社会治理难点，着力构建人人有责、人人尽责、人人享有的社会治理共同体。一是完善党建引领基层社会治理体系。不断完善街道、社区党建"1+2"体制，完善党群服务阵地建设，全面推进"基石工程"，探索定制楼组、队组治理导则，做实党建引领体系架构；优化街镇职能和组织体系，以进步指数为引导，完善基层党组织绩效评估体系，优化赋能基层体制机制；发挥好基层人大、街道等治理共商共治平台作用和工会、妇联、残联等桥梁纽带作用，完善基层自治共治平台机制。二是创新基层治理手段和治理模式。推动社会治理和资源向基层下沉，打通服务群众的"最后一公里"，打造"一站式"服务综合体，深化基层治理手段和治理模式，为推广更多可复制的破解基层治理难题的经验做出探索。同时，要完善社区分类治理模式、探索区域联动治理模式，以更多模式探索和创新为基层减负赋能。三是强化基层治理支撑保障。统筹法治区域治理，强化法律公共服务，让律师等法律工作者参与社区治理，不断完善法治保障机制；编修社区应急管理预案，提升防风处突能力，健全社区应急管理体制，在推动基层治理过程中深化基层治理队伍建设，不断提高治理人员的素质和能力。

第三，以绣花般功夫推进城市管理精细化，建设安全韧性城区。一是持续推进城市管理精细化。增强城市管理网格发现和解决问题的能力；滚动开展城市管理精细化"三年行动计划"，营造整洁有序的城市面貌；提升城市管理法治化、标准化、社会化水平；健全城市基础设施运维长效机制。二是完善城市公共安全管理体系。完善超大城区安全保障体制机制，着力清除城市运行重点隐患，完善社会治安防控体系。坚持统筹城市规划和建设、发展和安全，增强风险意识，坚持底线思维，建立完善风险防控体系，强化风险预防和应急处置能力，守住不发生系统性风险底线，守护城市安全、社会安定、人民安康。①

---

① 《上海市国民经济和社会发展第十四个五年规划和二〇三五年远景目标纲要》，2021年1月。

上海绿色低碳生产生活方式研究：基于中国式现代化的视角

闫　坤　刘　诚　王海霞*

摘　要：绿色发展是中国式现代化的内在要求。近年来，中国加快推动经济社会发展的全面绿色转型，不断构建绿色生产方式和绿色生活方式，上海在这些方面均走在了全国前列。上海人口密集、产业发达，有大量的能源消耗与碳排放，在践行绿色生产生活理念方面具有本地紧迫性和全国示范性。上海市从构建绿色生产和生活的方方面面入手，通过完善顶层设计、构建绿色生产方式、创新行动机制、构建绿色生活方式等措施展开探索与实践，推动形成了多层次、多样化的绿色生产生活发展模式以及可复制可推广的经验。

关键词：绿色生态产业链　绿色金融　绿色物流　绿色生活方式

---

* 闫坤，中国社会科学院日本研究所研究员；刘诚，中国社会科学院财经战略研究院研究员；王海霞，河南省社会科学院改革开放与国际经济研究所助理研究员。

一　引言

绿色发展是一种以效率、和谐、持续为目标的经济增长和社会发展方式，是实现人与自然和谐共生的现代化。党的二十届三中全会提出，发展绿色低碳产业，健全绿色消费激励机制，促进绿色低碳循环发展经济体系建设。[①] 2024 年 7 月，中共中央、国务院印发《关于加快经济社会发展全面绿色转型的意见》，明确要求到 2035 年，绿色低碳循环发展经济体系基本建立，绿色生产方式和生活方式广泛形成。

伴随中国经济的快速发展，城市化进程不断加快，我国传统的经济增长方式对生态环境的重视不足，导致资源环境约束日益突出，无法满足人民对优美生态环境、绿色产业等绿色发展的需要。因此，绿色发展理念立足于我国的基本国情，顺应了世界绿色低碳转型的时代潮流，也是新兴的经济增长点。实现"双碳"目标，需要同时将经济活动的过程和结果"绿色化"或"低碳化"，推动形成节约资源和保护环境的产业结构、生产方式、生活方式、空间格局。因此，"绿色生产方式"及"绿色生活方式"是实现"双碳"目标和中国式现代化的必然要求。

上海对绿色生产生活方式的实践探索走在全国前列，形成了诸多值得研究和推广的实践经验。大量文献对上海绿色发展进行了研

[①]　《中共中央关于进一步全面深化改革、推进中国式现代化的决定》，人民出版社，2024。

究探索。帕特里夏·罗梅罗-兰考等提出了一个城镇化、城镇区域和碳循环的综合框架，分析了它们之间的相互影响和作用机制，并以上海为例，展示了城镇化和城镇区域对碳排放的影响。[1] Zhang 等分析了上海市 1990~2015 年的土地利用和土地覆盖变化及其对城市碳固定的影响，利用遥感数据和生态模型估算了不同土地利用类型的碳储量和碳平衡，并评估了不同情景下的碳固定潜力。[2] Li 等通过构建低排放分析平台（LEAP）-上海模型，模拟了不同情景下的城市碳排放和碳汇变化，探索了在 2060 年前实现碳中和的最优路径。[3]

实践中，上海人口密集、产业发达，有大量的能源消耗与碳排放，这使上海在践行绿色生产生活理念方面具有本地紧迫性和全国示范性。近年来，为积极响应国家"双碳"目标，上海市从构建绿色生产和生活的方方面面入手，通过完善顶层设计、构建绿色生产方式、创新行动机制、构建绿色生活方式等措施展开探索与实践，推动形成了多层次、多样化的绿色生产生活发展模式以及可复制可推广的经验。

---

[1] 帕特里夏·罗梅罗-兰考、凯文·格尼、凯伦·濑户等：《更加全面地认识城镇化、城镇地区和碳循环的关系》，《城市与区域规划研究》2015 年第 2 期。

[2] Ze Zhang, Yuchen Guo, and Li Feng, "Externalities of Dockless Bicycle-sharing Systems: Implications for Green Recovery of the Transportation Sector." *Economic Analysis and Policy*, vol. 76, 2022, pp. 410-419.

[3] Lei Li et al., "Optimal Pathway to Urban Carbon Neutrality Based on Scenario Simulation: A Case Study of Shanghai, China." *Journal of Cleaner Production*, vol. 416, 2023, 137901.

本文以"上海绿色低碳生产生活方式研究"为选题，在现有研究成果的基础上，以中国式现代化视角，对上海现有的绿色生态产业链、领跑全国的碳金融和碳交易市场、绿色出行及绿色物流、以新能源技术为支撑的绿色建筑、扩充公园绿地（碳汇）、建设宜居城市等进行了较为深入的研究，为作为国内实现"双碳"目标排头兵城市的上海，探寻更为完善且切实可行的政策建议。

二 上海绿色生态产业链的示范性和带动性

习近平总书记和党中央高度重视绿色发展，将其作为五大新发展理念之一，并将人与自然和谐共生作为中国式现代化五大特征之一。全国各地正加紧践行绿色发展道路，而上海具有较强的示范性和全国带动性，其在绿色生态产业链方面的一些做法走在了全国前列。例如，能源产业链中调低高耗能环节、一般产业链中嵌入绿色发展理念、培育壮大绿色产业和循环经济链等。

（一）能源产业链中调低高耗能环节

近年来，上海持续加大淘汰落后产能力度。目前，焦炭、铁合金、平板玻璃、皮革鞣制等行业已全面退出，铅蓄电池、砖瓦、钢铁行业已基本完成行业整合，小化肥、小冶炼、小水泥企业基本关停。并且，上海利用先进数字技术赋能生产过程，提升热电生产效率，推进光伏与储能设施一体化发展、发电与消纳无缝化衔接等。工业能耗的持续下降和能源结构绿色化是上海完成能源结构升级与节能增效的重要途径。截至 2024 年 7 月，上海电网在新能源发电方面实现了历史性的突破，输出功率首次超过 300 万千瓦，峰值达到 311.9 万千瓦。在高峰时段，新能源发电占全市用电负荷的 9.93%，占发电总量的 20.46%。①

（二）一般产业链中嵌入绿色发展理念

一方面，上海积极推进工业绿色升级，建设零碳园区、绿色工厂和零碳工厂。通过制定优惠政策引导企业积极进行绿色创新，达到"正向激励"作用。同时，大力发展绿色金融，充分发挥要素市场和金融机构集聚优势。中国银行上海市分行、交通银行、浦发银行等多家金融机构开展绿色金融业务。上海还成立了绿色技术银行，并通过提高储能技术促进物流电动车的推广使用。截至 2023 年，上海市累计认定了 102 家市级绿色工厂、3 个绿色园区、12 家绿色供应链管理示范企业以及 7 种绿色设计产品；有 4 家企业获评国家级工业产品绿色设计示范企业；同时，发布了 29 家零碳创建标杆企业和零碳创建企业（园区），包括 17 家零碳工厂、2 家零碳数据中心、3 家零碳创建工厂、6 家零碳创建园区和 1 家零碳基础园区。②

另一方面，上海市利用包括卫星遥感、在线监测用电监控、大

① 查睿：《上海电网新能源发电出力突破 300 万千瓦》，https://www.shanghai.gov.cn/nw4411/20240731/120fae65d82d49bbb775b1e8c9094fdf.html，2024 年 7 月 31 日。

② 上海市经济和信息化委员会：《2023 年节能和综合利用十件大事》，https://www.sheitc.sh.gov.cn/dsxxjyzl/20240117/d06a9878d82c4ec59721a9a543ba3e18.html，2024 年 1 月 17 日。

数据分析等现代化手段优化绿色环保审批。在生态环境等领域运用现代信息技术推进实施非现场监管，解决环评次数过多、规划环评一刀切等问题，鼓励同类项目环评打捆审批，进一步优化营商环境。

（三）培育壮大绿色产业和循环经济链

上海市多措并举促进商贸企业绿色升级，提高服务业绿色发展水平，打造绿色发展新时尚，壮大绿色环保产业，发展循环经济，如开展商贸行业塑料污染治理、推动电商平台快件包装减量、严查过度包装问题等。上海市循环经济和资源综合利用取得显著成效，工业固废综合利用率领先全国，再制造产业发展规模、再生能源规模均显著扩大，建筑垃圾资源化能力、再生资源回收利用能力等均显著提升。①

三　上海绿色金融的引领地位

上海市人民政府办公厅 2021 年印发的《上海加快打造国际绿色金融枢纽服务碳达峰碳中和目标的实施意见》提出，到 2025 年，上海基本建成具有国际影响力的碳交易、定价、创新中心，基本确立国际绿色金融枢纽地位。

---

① 上海市循环经济协会：《2022 上海市循环经济和资源综合利用产业发展报告》，2022 年 9 月。

（一）上海绿色金融的发展情况

绿色金融是指为支持环境改善、应对气候变化和资源节约高效利用的经济活动提供的金融服务。从不同类型的金融工具来看，上海在绿色信贷、绿色债券等领域取得了明显进展。2024 年 1 月，上海绿色金融服务平台上线，工农中建交等 13 家银行成为首批入驻机构。上海长期引领绿色债券市场发展，首单绿色可交换公司债券、首单绿色市政专项债券、首单应对气候变化专题"债券通"绿色金融债券、首单"碳中和"专题"债券通"绿色金融债券等先后在沪发行。展望未来，按照上海银保监局等八部门联合印发的《上海银行业保险业"十四五"期间推动绿色金融发展服务碳达峰碳中和战略的行动方案》的规划，预计到 2025 年，上海绿色融资余额突破 1.5 万亿元，绿色保险保障金额突破 1.5 万亿元，绿色债券、绿色基金、绿色信托、绿色资管、绿色租赁等业务稳健发展。

（二）上海碳金融与碳交易的发展情况

一是搭建了较为完备的碳金融制度体系。上海是全国最早启动碳交易试点的地区之一，已建立起总量与配额分配制度，企业监测、报告与第三方核查制度，碳排放配额交易制度，履约管理制度等碳排放交易市场的核心管理制度，并明确了相应的法律责任。自 2013 年启动地方碳交易试点起，已纳入钢铁、电力、化工、航空、水运、建筑等行业的 300 多家企业和 1000 多家投资机构。上海已初步形成了契合碳排放管理要求的交易制度和交易市场。二是创新推出多种碳金融产品。上海相继推出了基于碳配额及核证自愿减排量

（CCER）产品的借碳、回购、质押、信托等碳市场服务业务。上海清算所与上海环境能源交易所合作推出的上海碳配额远期产品，是全国首个中央对手清算的碳远期产品，也是目前全国唯一的标准化碳金融衍生品。上海环境能源交易所联合上海证券交易所、中证指数公司在上海发布的"中证上海环交所碳中和指数"，丰富了绿色投资体系。三是交易规模处于前列。2021 年 7 月，全国碳市场正式启动上线交易，全国碳市场第一个履约周期纳入发电行业重点排放单位 2162 家，年覆盖约 45 亿吨二氧化碳排放量，是全球规模最大的碳市场。数据显示，上海碳市场总体交易规模居全球前列，截至 2024 年 6 月底，上海碳市场现货（含拍卖）累计成交 2.49 亿吨，累计成交金额 46.09 亿元。①

（三）上海碳税的发展情况

碳税是针对向大气排放二氧化碳而征收的环境税。碳税是庇古税的应用之一，试图以税制增加排放二氧化碳的成本，从而抑制向大气中排放过多二氧化碳。1990 年芬兰率先开始征收碳税，征税对象包括汽油、柴油、轻质燃油、重质燃料油、航空煤油、航空汽油、煤炭和天然气等。此后瑞典、挪威、荷兰、意大利、德国、英国等欧洲国家和加拿大、澳大利亚、日本等国在税制设计中引入碳税。以英国为例，英国引入碳税机制后，高碳排放的火电面临更高的成本，能源结构逐渐向天然气、可再生能源倾斜，英国化石燃料

---

① 《重磅！上海碳市场十周年成效评估》，https://sghexport. shobserver. com/html/baijiahao/2024/07/23/1384007. html，2024 年 7 月 23 日。

发电量明显下降，电力市场格局发生了明显变化。

目前，我国尚未引入碳税机制，而是采取了碳交易机制。事实上，碳交易机制与碳税机制存在明显区别。在碳税政策下，碳排放的价格，即碳税税率或税额本身由政府规定，但一定时期内的碳排放量是不可控的，它是基于价格的调控手段。在碳交易机制下，碳排放总量由政府规定，而碳交易价格则由市场交易决定，它是基于数量的调控手段。我国与碳税相关的绿色税种主要包括环境保护税、资源税、耕地占用税、车船税、车辆购置税、城市维护建设税等。

上海作为中国经济发展的重要地区，虽尚未直接实施碳税，但早在 2013 年 11 月 26 日便正式启动了碳市场交易，是中国首批七个碳交易试点城市之一。上海在碳排放交易体系的实施过程中不断优化配额分配机制，扩大纳入监管的企业范围。同时，上海还积极构建碳管理框架体系，推动相关标准制定工作，在重点产业领域形成了一批地方性碳排放核算规范。总体上，上海已在碳减排方面取得了显著成效，市场主体节能减排意识普遍增强，为后续深化绿色转型奠定了坚实的基础。未来，上海有望在碳税政策的制定和实施方面发挥引领作用，为中国实现碳达峰、碳中和目标贡献力量。

四 走在全国前列的上海绿色物流

物流联通生产与消费，是市场供需对接和实体商品流通的重要载体，并具有跨行业的综合性服务属性。我国要实现碳达峰、碳中和目标，需要"绿化"整个产业链供应链，其中，对物流产业的"绿化"势在必行。"十四五"时期，上海正在加速推进国际航运中心建设，集聚了大量物流行业的龙头企业，在绿色物流发展中走在全国前列。

（一）发展综合与集约化运输

上海市根据《国务院办公厅关于印发推进多式联运发展优化调整运输结构工作方案（2021—2025 年）的通知》出台了《上海市推进多式联运发展优化调整运输结构实施方案》。遵照该方案，上海市构建综合运输体系与集约化运营模式，实现运输结构的优化升级。积极促进"公转铁""公转水"，大力发展集装箱海铁联运，推进江（河）海联运和江（河）海直达运输，加快发展航空货运。

（二）推动物流能源结构调整

上海不断推进交通和物流运输工具向电气化、低碳化转型升级，扩大电力、天然气、先进生物液体燃料、氢能等清洁能源在物流领域的应用。2022 年，在客运行业，上海新能源公交车达到 1.52 万辆，约占总量的 88.5%；新能源出租车达到 2.24 万辆。在货运行业，已申领的城市配送车辆额度有 3300 余个，均为纯电动车辆，至此，上海新能源物流车辆已累计达 3 万辆。与此同时，上海市加强液化天然气加气站、充电桩等配套基础设施建设。截至 2024 年 8 月，上海市累计推广新能源汽车超过 141 万辆，建成各类充电桩近 84 万根。①

---

① 《上海加速全方位绿色转型：这些数据说明了成效》，https://baijiahao. baidu. com/s？id＝1807512016077592128&wfr＝spider&for＝pc，2024 年 8 月 16 日。

此外，上海市不断优化港口能源结构，清洁能源、绿色装备和绿色技术逐渐在港口得到推广应用。

五 多层次、多样化的上海绿色生活方式

上海市人口密集、产业发达，大量的能源消耗与碳排放对人民的生活环境造成了严重影响。为积极响应"双碳"行动，构建与推广绿色低碳生活方式，上海市从加强人居环境治理、支持公园绿地建设、大力发展绿色建筑、倡导绿色低碳生活方式等方面入手，通过完善顶层设计、健全政策体系、创新行动机制等措施展开探索与实践，推动形成了多层次、多样化的绿色生活发展模式，为打造宜居、宜业、宜游的绿色城市做出了积极的努力和贡献。

（一）加快人居环境治理与宜居城市建设

良好的人居环境是宜居城市建设的重要内容，更是居民绿色生活方式的直接体现。人居环境治理的目标，是构筑尊崇自然、绿色低碳的生活方式，打造宜居、韧性、智慧城市，建设美好生活和精神家园，为经济社会高质量发展提供坚实的基础，更好地推进以人为核心的中国式现代化。

近年来，上海市将人居环境治理与提升作为生态治理与环境保护工作的重中之重，多措并举推动城乡人居环境治理，取得了建设性成就。具体来说，一是注重生活垃圾管理，对生活垃圾从源头减量到末端处置与资源化利用形成全流程管理链条。自 2019 年《上海市生活垃圾管理条例》施行以来，上海生活垃圾已实现全量无害

化处理，各种创新做法不断涌现，生活垃圾回收利用率达到 42%，实现原生生活垃圾零填埋。二是将污水排放与处理作为水污染防治及水资源管理的重要方面，排水管理成为经济社会持续高质量发展的支撑。上海注重排水系统改进及污水处理技术创新，提高污水排放与处理的效率，例如，推进排水管网数字化，在污水处理厂引入污泥处理设施将污泥转化为燃料等。三是优化空气质量，持续提升城市生态品质。2022 年上海全市环境空气质量指数（AQI）优良率为 87.1%，① 无重污染日；全市 273 个考核断面，优Ⅲ类断面占95.6%，无Ⅴ类和劣Ⅴ类断面。四是大力支持农村人居环境整治，补齐城乡人居环境治理的短板。上海关注农村人居环境的各个层面，在乡村公路提档升级、农村生活垃圾分类管理、乡村"厕所革命"、生活污水治理提标增效等各个环节出台具体的行动方案，切实改善农村居民的生活环境。截至 2024 年 5 月，上海市生活垃圾分类达标率稳定保持在 95% 以上，市民自觉履行垃圾分类义务的比例达到 97%，市民对垃圾分类管理的满意度超过 96%。②

（二）持续推进公园绿地建设

公园绿地建设一方面为居民提供了自然休闲空间，有利于改

---

① 上海市生态环境局：《2022 上海市生态环境状况公报》，https://sthj. sh. gov. cn/hbzhywpt1143/hbzhywpt1144/20230603/b942b3ada20d4f7ca8 e8ed31d166bb42. html，2023 年 6 月 4 日。

② 《一年减碳 117 万吨，上海新一轮垃圾分类满五年：因为认同所以坚持》，http://sh. people. com. cn/n2/2024/0701/c134768 − 40896818. html，2024 年 7 月 1 日。

善空气质量、缓解城市热岛效应、保护生物多样性；另一方面有利于增强民众环保意识，引导居民形成更加环保、节能和可持续的生活方式，推动低碳发展，建设生态宜居的绿色低碳城市。高品质的生态环境直接影响居民的身心健康，是增进民生福祉的基本保障。良好的自然环境和城市公园绿地为居民提供了健康优质的工作、生活和休闲空间，极大地提升了居民的生活品质和生活幸福感。

上海是我国经济、文化和科技中心，早在 20 世纪 90 年代就开始了城市绿化建设，近年来在上海市政府及各相关部门的积极努力下，上海公园绿地建设取得了长足的发展，上海作为全国最"绿"的城市始终领跑全国。2023 年，上海新增城乡公园 162 座，新增森林面积 6.7 万亩，新建绿地 1044 公顷、绿道 231 公里，各类公园共计 832 座，全市森林覆盖率达到 18.81%。①

(三) 积极倡导和推广绿色建筑

建筑领域是能源消耗和碳排放的三大领域之一。近年来，建筑行业全生命周期碳排放在我国碳排放总量中占比超过一半，推进建筑行业节能减排、发展绿色建筑是推动实现"双碳"目标的必然选择。作为全国低碳发展的引领城市，上海大力推进建筑领域绿色转型。

---

① 《2023 年上海新增森林面积 6.7 万亩 多举措为公众义务植树提供便利》，https://content-static. cctvnews. cctv. com/snow-book/index. html? item_id = 14311034735207808053&channelId = 1119&track _id = 6b1058c9 - dc9d-4a5d-b4c4-6f9773234b92，2024 年 3 月 12 日。

上海加快绿色建筑行业发展的具体政策包括如下四个方面。一是出台支持建筑业绿色转型的财税政策和金融政策，为绿色建筑高质量发展提供资金支持。上海根据一系列政策法规，对绿色建筑示范项目、装配整体式建筑示范项目、既有建筑节能改造示范项目等有利于本市绿色建筑发展的项目，通过市节能减排专项资金予以支持。在金融支持方面，截至 2023 年，上海市支持"建筑节能与绿色建筑"的绿色信贷余额高达 5126.13 亿元，同比增长 51.51%。① 二是加强绿色建筑相关标准及评价体系建设，为绿色建筑评判与评价提供参考。上海颁布修订的《绿色建筑评价标准》从基本规定、安全耐久、健康舒适、资源节约、环境宜居、生活便利等多个方面对绿色建筑的评价标准做出了详细说明，它是国家《绿色建筑评价标准》发布后的首部地方评价标准。在新建建筑方面，上海市严格规定新建建筑须 100%符合绿色建筑评价标准，新建项目在总体设计、施工图设计阶段须全面满足绿色建筑设计要求。三是关注绿色建筑发展的各个环节，持续深入支持建筑全方位及全生命周期的绿色节能降碳。上海从绿色低碳建材推广、低能耗建筑项目推广、可再生能源应用、既有公共建筑节能改造等方面，为发展绿色建筑提供了具体的行动指南。四是通过示范项目建设为全市绿色建筑发展树立标杆、提供示范。开展建筑领域绿色低碳转型项目评定工作，对优秀的项目予以奖励和支持，并开展绿色生态城区评定工作。上海市通过完善顶层设计和健全

---

① 上海市住房和建设管理委员会：《对市政协十四届二次会议第 0771 号提案的答复》，https://zjw.sh.gov.cn/bljg/20240523/967310425414493ca630c011320922dc.html，2024 年 5 月 13 日。

政策体系推动绿色建筑发展取得了积极成效，截至 2024 年 8 月，上海市累计推进绿色建筑 4 亿平方米，超低能耗建筑 1400 万平方米。①

（四）倡导绿色低碳生活方式

首先，以更加便捷的交通运输体系来鼓励市民绿色公共出行。上海不断完善轨道和公共交通体系，已成为全球第一个轨道交通里程突破 800 公里的城市，轨道交通客运量占据上海公共交通客运总量的七成左右。其次，引导快递企业和市民降低包装能耗。上海推进快递包装绿色转型，对二次包装率、可循环快递箱（盒）应用规模提出阶段性改善要求。

六　推动上海绿色发展及中国式现代化建设的对策建议

上海经济基础较好，绿色低碳发展走在全国前列。在绿色发展机遇和挑战并存的情况下，上海需要发挥示范引领作用，在产业链中嵌入绿色技术，把绿色生态变成产业链，在全国率先探索，走出一条新路，提供中国式现代化建设的最佳样板。

（一）打通绿色产业链

绿色产业链包括动力提供、生产、流通、消费等各个环节，要

---

① 《上海加速全方位绿色转型：这些数据说明了成效》，https://baijiahao. baidu. com/s？id＝1807512016077592128&wfr＝spider&for＝pc，2024 年 8 月 16 日。

想打通绿色产业链，必须从各个环节逐一击破。

在能源结构上，开展源头控制与过程削减协同。建立清洁、低碳、安全、高效的新型能源体系和新型电力系统，大力发展可再生能源。实施"光伏+"工程，结合应用形式发展分布式光伏，形成可复制、可推广的"光伏+"典型应用场景。积极发展海上风电，完善电网体系，建设高效的外电入沪通道。从能源消费端淘汰用能低效的生产设备，大力推进工业固体废弃物深度利用，搭建完善的能源产供销体系。

在生产环节，把超低能耗建筑、循环经济、脱碳等市场化规模化，降低使用成本，提高普及率。绿色技术应贯穿始终，比如绿色园区、绿色工厂的建设，绿色产品的开发以及绿色供应链的打造。鼓励制造业企业形成系统思维，结合自身所具有的上下游资源优势，给出集"设计、采买、制造、施工、运营"于一体的解决方案。提高企业数字化程度，把业务应用场景的线上化、数字化、智能化作为重点，围绕应用场景开发推进上海产业数字化，通过政策优惠引导企业采用绿色技术从事生产活动。引导银行、基金、保险等金融机构通过绿色债券、绿色基金等方式扶持绿色企业的数字化发展。在消费环节，传播绿色低碳发展理念，提升全社会绿色低碳消费意识。

通过绿色发展带动配套产业链发展。例如，绿色建筑更新可以有效拉动现代测绘技术及应用行业、维修服务业、建筑设计业、新材料与新能源行业发展，拉动绿色产业投资，提供全新经济增长点。

（二）构建绿色物流创新生态链

便利的交通是加快绿色物流建设的基础。从海陆空领域全面建设新能源运输格局，选用低碳、可靠的技术装备，完善交通领域智能终端布局。在道路运输方面，开展智慧公路"智慧化、数字化、年轻化"改造升级；积极推广电动汽车，加强充换电基础设施建设，让新能源汽车成为未来上海绿色物流领域的主流道路交通工具，为促进上海绿色物流的可持续发展奠定坚实基础。

在包装、仓储、运输、中转、收派等环节运用智能化手段，打造智慧物流平台。鼓励物流企业开展绿色设计，打造绿色制造工艺，推广绿色环保包装材料，淘汰污染性强、降解难度大的传统包装材料。搭建数字化运营平台，推动货源、车辆、仓储、装卸等信息实时共享、智慧决策，有效降低物流信息不对称性，减少能源消耗与设备损耗。加快建设绿色低碳物流仓储园区，通过采用高效节能自动化设备，加快物联网、云计算和大数据等技术应用实现节能低碳发展，打造智慧物流体系。

（三）打造大都市宜居城市样板

打造宜居城市、"人民城市"样板要以环境质量、基础设施、公共服务、社会治安、经济发展为主要抓手。创新智慧低碳生活服务新赛道，精心打造"一江一河"城市旅游品牌，营造生活性服务业发展的良好环境，全面提升社区生活服务便捷度，营造安居、宜居、乐居的良好社会氛围。加强顶层设计，制定"人民城市"发展标准，探索中国式现代化进程中新城建设的新理念和模式，全力推进上海"五个新城"建设，逐步打开城市发展空间。

上海各区域之间要加强合作共享，在基础设施建设、公共服务、产业发展等方面打破人力、资本、技术等要素在生产要素间流动的壁垒，为绿色技术创新创造优质的环境。在社会治安方面，各部门要强化组织、形成合力，坚持综合治理、长效治理，形成稳定和谐的治安环境。创新公共服务的供给模式，强化科技赋能，达到均衡、精准、便利的服务水平，发挥医疗卫生、教育、文化体育等项目的辐射带动作用。加快推进宜居城市建设，为中国式现代化提供上海样板。

（四）构建促进绿色技术的财税金融支持政策体系

各级财政要积极支持符合要求的绿色技术攻关工程，增加对绿色技术的财政支出和财政补贴投入总量，优化支出结构。强化所得税税收优惠激励，鼓励绿色技术和装备研发应用的研发投入，优化研发费用加计扣除政策。对拥有自主知识产权、较强创新能力、较高发展潜力的绿色科技研究开发企业，降低其投资准入门槛。完善个人所得税优惠政策，对从事"卡脖子"绿色技术研发的科研人员及绿色技术创新成果转化收入予以个人所得税优惠，吸引科技人才。

加大金融支持力度。以金融工具为载体，加强绿色技术创新的股权支持力度，继续健全绿色金融政策体系，引导金融机构采用绿色信贷、绿色债券、绿色基金、绿色保险等方式支持绿色技术创新。进一步落实税收优惠，激发各类市场主体活力。

（五）更好利用数字手段，促进数字化与绿色化协同发展

引导企业进行数字化转型和智能化升级，打造数字化转型标杆企业，如建设数字化车间、建立能源管理中心。引进并培育头部企业，围绕应用场景开发推进上海产业数字化，充分发挥"技术+模式"引领带动作用。加快数字技术赋能制造业、建筑业、交通业等传统产业的发展，着重推进高端绿色产业发展，抢占未来科技和经济发展高峰，实现数字化与绿色化的"双化"协同。

数字化绿色化协同发展，以数字化带动绿色化。扩大对数字转型的投资和推动创新，提高生产率、增加利润，创造良性循环，对实现绿色转型至关重要。一是减少线下经济活动，推广无纸化办公和居家办公。二是线上数据为各行业减碳提供行动依据。通过记录碳足迹，在数据分析的基础上，企业和政府可以制定最优的生产流程、物流供应链、创新价值链以及宏观政策，全方位降低单位产出的能耗。实现全供应链的碳足迹可视化。通过节省劳动力和自动化提高生产率和实现节能。加强碳足迹应用，鼓励企业设置碳利润率指标（企业利润/碳排放量），在政府部门试点设置碳排放考核指标。三是数字技术对绿色技术具有带动性。通过云计算、人工智能等数字技术，促进氢能、脱碳等绿色技术的落地。四是数字企业的减排，如倡导绿色包装，建设绿色数据中心、绿色物流产业园区等。

（六）强化长三角区域一体化绿色发展及示范区建设

2023 年是长三角一体化发展上升为国家战略五周年，五年来，长三角地区高质量发展、一体化发展取得了丰硕成果，可为探索经

济发达地区一体化以及全国推进中国式现代化积累宝贵的经验，但实现区域一体化绿色发展仍需继续努力。因此，要把握"长三角一体化"的国家发展战略，充分利用各区域的比较优势，推动各种要素的合理流动与有效聚集。要促进要素，包括人才、资本、金融、技术等畅通流动，实现要素在长三角跨区域有序自由流动。

加快推进交通、能源、算力中心等跨地区的重点基础建设工程，为营商环境、生态环境、公共服务提供全方位保障。建立财税分享机制，明确长三角共同事权及其支出责任划分，实现"投入共担、利益共享"。推动长三角产业链创新链跨地区协同发展，优化产业链跨区域合作的制度安排，发挥产业集群的倍增效益，朝着"科技+金融+产业"方向发力，形成空间布局合理、区域分工协作、优势互补的一体化绿色低碳发展新格局，为中国式现代化建设提供新路径、新经验。

构建"系统化、市场化、平台化、链条化"的生态产品价值实现路径，形成以投资主体一体化带动生态治理一体化，以生态治理一体化带动生态产品价值一体化的新模式。系统化推进生态保护修复和生态产品经营开发，市场化推动生态产品价值实现，平台化运营生态产品投资公司，链条化谋划生态产业融合发展。以生态产品清单内容为重点、生态产品价值评估结果为基础，推动符合条件的生态产品市场化项目的开发运作。

开放型经济

上海加快提升原始创新能力的问题和政策研究

张其仔　贺　俊　吴海军　李　伟*

摘　要：原始创新能力的提升对于地区的发展具有极其重要的意义。它不仅能够推动科技进步，提升地区核心竞争力，还能带动产业升级，促进经济高质量发展。当前，区域科技竞争逐渐向基础研究领域前移，谁能在基础研究领域率先突破，大幅提升原始创新能力，谁就能率先抢占区域科技和产业竞争的制高点。尽管上海在"应用创新导向"的区域科技竞争中取得了优势，但在"基础研究导向"的区域科技竞争中存在落后风险。本文从创新主体发展、创新要素集聚、关键核心技术攻关三个角度出发，全面梳理上海在原始创新能力提升过程中面临的问题和挑战，在充分借鉴国内外提升原始创新能力成功经验的基础上，提出上海深化创新驱动发展、大幅提升原始创新

---

* 张其仔，中国社会科学院工业经济所研究员；贺俊，中国社会科学院工业经济所研究员；吴海军，中国社会科学院工业经济所副研究员；李伟，中国社会科学院工业经济所副研究员。

能力的思路和建议。本文的研究对于推动上海乃至全国的原始创新能力提升、创新驱动发展战略实施具有重要的理论和实践意义，能够为政府决策、企业创新、学术研究等多个层面提供有益参考和借鉴。

关键词：原始创新能力　基础研究　上海

一　问题的提出

长期以来，我国科技创新模式主要是基于美国等发达国家底层技术的应用型创新。[1] 随着中美战略竞争的加剧以及发达国家对我国底层技术封锁的升级，我国迫切需要强化基础研究和原始创新能力，推动创新体系从"基于国外底层技术的应用型创新"向"基于本土原创技术的自立自强型创新"转变。在国家创新体系系统转变的背景下，区域科技竞争的战略核心也从传统的应用创新转向基础研究，未来谁能抢占基础研究高地，谁就能获得区域科技竞争优势。[2]

尽管上海在"应用创新导向"的区域科技竞争中取得了优势，但在"基础研究导向"的区域科技竞争中存在落后风险。[3] 当前，

---

[1]　李哲、申玉铭、曾春水：《中国省域科技创新模式及其时空演变》，《地理研究》2018 年第 6 期。

[2]　刘伟、范旭：《中美科技竞争背景下的基础研究治理系统演化分析——基于多案例的比较研究》，《中国科技论坛》2024 年第 8 期。

[3]　王慧、郝莹莹：《上海基础研究领域发展现状、问题及对策建议——基于 2013—2022 年上海科研论文数据的基础研究趋势分析》，《科技中国》2023 年第 11 期。

相较于北京、深圳等兄弟城市，上海在创新主体发展、创新要素集聚、关键核心技术攻关等方面具有一定优势，但也存在不少问题。只有全面充分地分析上海在创新主体发展、创新要素集聚、关键核心技术攻关等方面的优劣势，才能更好地促进上海原始创新能力提升。基于此，本文从上海当前提升原始创新能力的条件和挑战出发，在全面梳理上海原始创新能力现状和问题的基础上，从企业基础研究发展、关键核心技术攻关、战略科技力量打造等方面提出了促进上海原始创新能力提升的思路和对策。

二 上海提升原始创新能力的条件和挑战

（一）上海创新主体发展现状和问题

第一，上海科技领军企业在规模分布和行业分布上存在"极化"现象。一是规模分布极化，虽然大型龙头科技领军企业竞争力和带动力强，但数量少；中小型科技领军企业数量多，但带动力和竞争力相对较弱。根据《2024上海高新技术企业创新百强榜》，排名前10的企业主要是大型企业，这些企业不仅在营业收入、净利润等指标上占据绝对优势，还具备强大的研发实力和市场竞争力。二是行业分布极化，科技领军企业行业分布失衡，集成电路、人工智能、生物医药等行业科技领军企业数量多，占比超过50%。

第二，与北京、深圳相比，上海的科技型中小企业数量较少，创新能力也相对较弱。从工业和信息化部历次公布的国家级专精特新"小巨人"企业名单来看，上海"小巨人"企业存在两方面问题。一是从横向比较来看，上海"小巨人"企业数量少于北京、深圳等一线城市（见图 1）；二是从纵向增长来看，上海"小巨人"企业数量增长显著慢于深圳。北上深作为第一梯队，前四批名单公布时，上海"小巨人"企业总量（507 家）超过深圳（445 家），第五批名单公布时，深圳凭借 310 家的惊人增量一举反超上海。至此"北上深"排名已变为"北深上"，由此说明上海科技型中小企业成长缓慢。

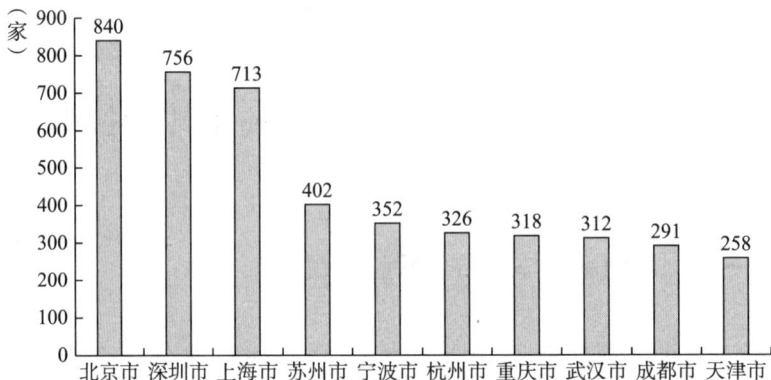

图 1　排名前 10 城市的专精特新"小巨人"企业数量

资料来源：《2023 年中国专精特新企业发展系列白皮书》，2023 年 9 月。

第三，上海的基础研究投入过度依赖高校和科研院所。2021 年 10 月，上海市人民政府发布的《关于加快推动基础研究高质量发展的若干意见》（沪府发〔2021〕22 号）明确指出，推动企业加强基础研究，加大企业基础研究投入力度。然而，根据《2023 上海科技进步报告》的数据，2023 年上海基础研究经费支出占全社会研发经费支出的比重仅为 10% 左右，而高校和政府支持的公立科研机构依然是上海基础研究投入的主体，企业基础研究投入严重不足。此外，上海高校和科研院所的科技成果转化率非常低，大量科技和教育投入催生了论文和专利的激增，但鲜有影响甚至改变世界和行业的重大科学发现，也没有带动企业核心技术能力的同步提升。上海大企业缺乏对研发特别是基础研究的投入，这是上海企业大而不强和上海产业缺乏核心技术的根源之一。

（二）上海创新要素集聚现状和问题

第一，虽然上海人才要素集聚成效显著，但在高端人才和创新型人才的引进和培养方面还有待加强。上海在长三角三省一市跨区域流动的人才达到 165 万人次，[①] 研发经费、人才、平台、设施等创新资源要素在长三角地区加速集聚。2023 年，上海每万人拥有研发人员 94.6 人年，明显高于全国平均水平的 40.47 人年。[②] 上海拥有大量的人才机构和平台，如浦东成为国内外金融人才"首选地"，如今的浦东已成为全球金融要素市场最丰富、金融机构最集聚、金融交易最活跃、金融人才最密集的区域之一。上海在科技人才引进和培养方面也取得了显著进展，例如浦东新区推出人才"明珠计划"，面向全球遴选并支持 10 名以上"明珠高峰人才"、300 名以上"明珠领军人才"、600 名以上"明珠菁英人才"、1000 名以上"明珠工程师"。这些例子和数据表明，上海在人才要素集聚方面已经取得了显著成效，为推动上海原始创新和经济发展提供了强有力的人才支撑。然而，目前上海的人才结构仍然偏向于传统行业和领

---

① 《2023 长三角区域协同创新指数》，2024 年 1 月。
② 上海市科学技术委员会：《2023 上海科技进步报告》，2024 年 2 月。

域，如金融、制造、贸易等，而新兴产业和领域的人才储备相对较少。尽管上海拥有众多高校和科研机构，但在一些新兴领域的高端人才储备相对较少。例如，人工智能、生物技术、新材料等领域的顶尖科学家和工程师数量相对较少。美国谷歌、微软公司的高层次人才数量排名，分别位居全球第二和第四，而中国位于这一榜单前十的机构均为高校和科研机构。[①] 虽然作为中国的一线城市，上海在人工智能领域也有一定的研究实力和人才储备，但与美国相比，还有很大的提升空间。比如，上海人工智能领域的人才主要集中在一些基础算法和应用方面，而在人工智能的核心技术，如深度学习、自然语言处理等领域，上海的高端人才还比较缺乏。

第二，上海整体研发投入和强度在全国处于前列，但基础研究投入和占比偏低。根据《2023 年全国科技经费投入统计公报》数据，2023 年我国共投入研究与试验发展（R&D）经费 33357.1 亿元，R&D 经费投入强度（与国内生产总值之比）为 2.65%。上海以 2049.6 亿元的 R&D 经费投入居全国第六位，排名相对靠前。上海的 R&D 经费投入强度为 4.34%，排名全国第二，远高于全国 2.65%的均值水平。虽然 2023 年上海基础研究经费投入 128.3 亿元，但仅为排名第一的北京基础研究经费投入（472.3 亿元）的 27.16%。上海基础研究经费占 R&D 经费比重（6.26%）不仅仅低于全国 6.77%的平均水平，更是远低于北京的 16.0%。上海在基础研究投入方面，远落后于北京。

---

① 《2023 全球数字科技发展研究报告：科技人才储备实力研究》，2023 年 1 月。

第三，上海在资金要素集聚、促进创新发展的过程中面临着体制机制制约。一是上海的创新型企业在获取资金支持方面常常受到阻碍。尽管上海拥有众多的金融机构和资本市场，但对于一些处于初创阶段或者高风险的创新项目，融资的难度仍然较大。这主要是金融机构对于风险控制和资金安全的考虑，导致它们对于创新项目的投资持谨慎态度。二是上海在创新资源的配置上存在一定的不均衡性。一些优质的创新资源主要集中在大企业和高校、科研机构中，而中小企业和初创企业往往难以获得足够的创新资源支持。三是尽管上海在创新环境建设方面取得了一定的成绩，但还存在一些短板。例如，创新文化氛围不够浓厚、创新主体之间的合作机制不够顺畅、创新创业服务体系不够健全等。

第四，上海在数字经济底层关键技术方面存在一定缺失，这在一定程度上影响了其数字技术的发展速度。我国数字技术发展迅速，在5G通信、人工智能、区块链、云计算、大数据等技术上虽然取得了不错的成绩，但在一些核心技术和关键领域仍然存在短板，面临着"卡脖子"的问题。[①] 在数字经济领域，我国在高端芯片、嵌入式 CPU、存储器、基础算法、工业软件等 300 多项关键核心技术上仍然受制于人。上海同样面临类似问题，比如在高端芯片领域，上海虽然有一些本土企业，但大多数高端芯片仍依赖于进口。尽管人工智能在上海的应用已经比较广泛，但上海在算法研究、模型开发等方面相对较弱。这使得上海在人工智能领域的创新

---

① 张其仔、许明、孙天阳：《美国供应链报告的影响效应与中国应对》，《经济纵横》2023 年第 9 期。

能力和竞争力受到了一定的影响。

（三）上海关键核心技术攻关现状和问题

近年来，上海关键技术领域突破较多。上海正积极投身于世界科技前沿的研究，其原始创新能力不断增强，并在重大原创科技成果上取得了突破性进展。比如，中国科学院上海光学精密机械研究所成功研制出超强超短激光实验装置，并通过了验收，该装置首次实现了 10 拍瓦激光放大输出；中国科学院神经科学研究所和上海脑科学与类脑研究中心的研究团队联手在国际上首次创建了生物节律紊乱体细胞克隆猴模型，这一成果将为生物节律相关研究提供重要的工具和平台；中国科学院分子植物科学卓越创新中心在国际上首次人工创建了单条染色体的真核细胞，这一突破将为真核生物的基因编辑和细胞生物学研究开辟新的道路。这些重大科技成果的取得，彰显了上海在科技创新领域的实力和影响力，也进一步推动了我国在全球科技前沿领域的进步。然而，上海在关键核心技术攻关方面仍面临一系列问题。

第一，上海关键核心技术识别、评估和筛选体制不健全，缺乏系统化、科学化、制度化的组织体系和流程，导致关键核心技术攻关选择的可能是单个企业需求的技术，而非行业发展的关键技术。关键核心技术领域广、范围大，确定权威的、公认的、行业普遍需要的关键技术范围和清单是高效推动关键核心技术攻关的前提。①

---

① 曲永义：《关键核心技术识别与管制——基于美欧日比较研究》，《北京社会科学》2023 年第 8 期。

从国外来看，欧美发达国家已构建起识别、评估、筛选关键核心技术的科学化、制度化的组织体系和流程，从而有效保证了关键核心技术的识别筛选效率。例如，美国设立了由国家科学技术委员会与国家安全委员会主导的，涵盖商务部、能源部、国防部等18个部门的科技评估甄选体系。其中，国家科学技术委员会下设关键新兴技术快速响应小组，成员包括18个部门及产业专家。甄选流程先由各部门内部筛选本领域关键技术，再由小组整合形成国家级技术名录。此流程确保了政府、产业界的深度参与，能甄选出权威公认、精准反映产业技术瓶颈的核心技术。目前，上海市各部门、各行政区（如松江区、闵行区等）根据部门职责和区域技术与产业特征，纷纷确立了部门层面、地区层面的关键核心技术清单，并通过揭榜挂帅等方式开展技术攻关突破。但上海关键核心技术的选择多通过主管部门征集、企业提出技术需求、专家评审方式确定（如杨浦区），尚未构建起识别、评估和筛选关键核心技术的系统化、科学化组织体系和流程。一是企业提需求、专家评审的模式筛选出的关键核心技术高度依赖于企业和专家等随机因素，缺乏科学完善的制约协商机制以保障筛选的技术反映行业共性和行业痛点，而不是单个企业的技术需求。二是由于缺乏常态化、固定化的关键核心技术筛选体制和流程，很难根据关键核心技术攻关实际情况，科学准确评估技术攻关效果，并动态更新技术清单。

第二，上海市关键核心技术攻关的顶层部署和协调不足，在一定程度上存在技术攻关"投资分散"和"重复投资"并存的问题。以新型举国体制推动关键核心技术突破的关键在于协调资源并集中投入到重点领域和关键环节，这就要求形成资源聚集、统一协调、集中调度的顶层机制。① 目前，上海关键核心技术攻关的基本模式是市级层面确定集成电路、生物医药、人工智能等关键核心技术突破的重点领域，各政府部门、行政区根据实际情况确定攻关的技术细分方向，如市经信委在元宇宙领域实施关键核心技术揭榜挂帅，松江、杨浦、闵行等区在元宇宙、人工智能等领域实施揭榜挂帅。但不同部门、不同行政区之间关键核心技术的选择缺乏顶层协同，可能存在"投资分散"和"重复投资"共存的问题。具体来看，一是缺乏市级层面分级分类的关键核心技术清单，这可能会导致技术攻关力量分散。尽管市级层面确定了关键核心技术的重点领域，但由于不同领域的具体细分技术方向仍然较为广泛，目前缺乏相对具体的、分级分类的技术清单作为指引，无法根据不同的技术关键性、重要性，差异化投入创新资源。二是缺乏市级层面对不同部门、不同区域技术攻关的统一协调，各部门和行政区根据部门职责和区域经济发展需要可能在某些领域出现重复投资。特别是在各地大力发展未来产业且对未来产业领域认知严重趋同的情况下，关键核心技术的重复投资更加严重。市场机制下重复投资本身不是严重问题，但关键核心技术攻关具有典型的政府干预特征，重复投资不仅会降低财政资金的使用效率，还会干预市场机制作用的发挥。此外，不同部门、不同区域关键核心技术突破的主体往往都是龙头企业，这可能会导致同一龙头企业受到多部门资助和"管理"的问题。

---

① 路风、何鹏宇：《新型举国体制：中国政治领导层力图完成重大变革的任务体制》，《治理研究》2024 年第 4 期。

三 上海原始创新能力提升的战略思路

上海提升原始创新能力是一项长期而复杂的任务，需要全方位、多层次的努力。为了实现这一目标，上海应首先明确自身优势，与北京、深圳错位发展，以强化企业基础研究为抓手，打造区域基础研究高地的"上海模式"。其次，针对上海关键核心技术攻关效能较低的问题，建议上海成立关键核心技术攻关委员会，统筹协调关键核心技术攻关；在委员会下，设立关键核心技术评估小组，构建制度化的技术评估筛选流程，形成关键核心技术攻关清单，并实施分级分类攻关战略以及定期评估、动态更新技术清单的攻关体制。最后，上海应进一步借鉴国内外国家实验室建设的成功经验，打造战略科技力量，强化国家实验室建设效能。

（一）错位发展，打造企业基础研究高地

针对上海企业基础研究发展存在主体定位不明确、投入重点不突出、基础研究向应用研究转化不足等问题，上海可以在未来基础研究区域竞争中，进一步提升企业基础研究优势，不断强化上海企业的基础研究引领作用，打造区域基础研究高地的"上海模式"。

第一，依托大国企和大外资企业开展基础研究，借力民企促进基础研究应用转化，实现"错位发展"。世界科技强国的发展轨迹证明，国家竞争力源自其在热点科学研究领域和新兴前沿领域的战

略布局，特别是要有一批世界领先企业早早地开展基础科学研究。[①]
上海是以大型国有企业和外资企业作为传统产业创新发展的载体
的，未来要发挥科技、资本、市场等资源优势和国际化程度高的开
放优势，瞄准世界科技前沿和顶尖水平，积极开展基础研究，不断
提高基础研究实力。基础研究具有溢出效应，激励企业投身其中乃
核心。[②] 可针对经济社会发展的基础前沿及公益领域，试行"政府+
大型国企"科研合作新模式，携手创建非营利研发实体或基金，共
促基础科学探索，实现开放创新。针对具有市场前景的基础科学研
究，可通过政府购买服务等模式引导外资企业进行前瞻性部署。此
外，上海还拥有众多的民营企业，它们更贴近市场，富有创新活
力。从国外经验看，促进基础研究转移转化，需要充分利用企业的
市场发现机制。对此，我们不仅需要依靠政府或大型国有企业和外
资企业，还要依靠中小民营企业的力量，利用其优势，提高上海基
础研究向应用研究转化的能力。

第二，进一步加大基础研究设施的建设和共享力度，进一步完
善基础研究服务体系。基础研究设施是强化企业基础科研条件的重
要支撑。一方面，应鼓励上海世界领先企业成立工业实验室，每年
将净利润的一定比例用于基础研究，进行产业核心原理和关键技术
的研发。当研究取得突破性、原创性成果时，该投入可以按一定比

---

① 柳卸林：《大企业如何通过基础研究实现突破性创新》，《人民论坛·
学术前沿》2023 年第 9 期。

② 贺俊、陶思宇、李伟、江鸿、吴海军：《中国企业开展基础研究的特
征事实与政策需求——基于 763 家企业的问卷调查分析》，《科学学研
究》2025 年第 3 期。

例抵扣企业的所得税，并建立长效的投入机制。另一方面，建立健全开放共享机制，使企业能够充分利用科技基础设施和重大科学装置，从而为企业进行基础研究提供重要支撑。上海应进一步加大科技基础设施和大科学装置数据开放共享力度，使企业研究人员能通过统一的门户网站轻松访问、分析数据。按照分等级、可发现、可访问的原则适时向企业用户提供数据的开放共享，建立合理适用的科学数据管理及共享体系。

第三，科学资助机构可以将资助计划的项目资金适当向企业倾斜，从而推动企业基础研究向应用研究转化。上海需要进一步加大科学资助机构对企业开展基础研究的资助力度。因为，基础研究成果并非皆可应用，唯经市场检验之少数方能转化为原始创新能力。故而科学资助机构应适度调整资金配置，偏重企业基础研究及成果转化项目，借企业市场洞察优势，推进基础研究深化与成果转化加速。[1] 一是以科研资助为杠杆，激励企业开展需求驱动的应用基础研究。二是邀行业领军企业参与资助计划指南制定，聚焦产业发展导向的基础研究议题。三是设立专项基金，强化中小企业在成果转化中的作用，鼓励科研人员与企业家携手，依托有潜力的科研成果创办高新技术企业，实现科研成果的产业化落地。

（二）进一步提升关键核心技术攻关效能

正如前文所言，近年来，上海关键核心技术攻关取得了显著成

---

① 段永彪、董新宇：《促进科技成果转化的核心要素与激励机制：基于"三项改革"的多案例研究》，《科研管理》2024 年第 5 期。

效，但从提升财政资金撬动能力、提高关键核心技术攻关投入产出效率的角度来看，上海关键核心技术攻关还存在一些问题：一是关键核心技术的识别、评估和筛选机制不健全，缺乏系统化、科学化、制度化的技术评估筛选机制和流程，在一定程度上导致技术筛选缺乏标准和行业共识；二是关键核心技术攻关的顶层部署和协调不足，在一定程度上存在技术攻关"投资分散"和"重复投资"并存的问题。针对这些问题，上海还需要从如下几个方面进一步提升攻关效能。

第一，成立上海市关键核心技术攻关委员会，统筹协调全市关键核心技术攻关战略制定和实施。提升关键核心技术攻关顶层部署和部门协调、形成攻关合力、防止重复攻关的关键在于构建高层领导机制。对此，建议上海市成立关键核心技术攻关委员会，由市长任委员会主任，由发展改革委、经信委、科委等相关市直部门领导以及各区区长担任委员。关键核心技术攻关委员会统筹负责全市关键核心技术攻关战略制定，包括关键核心技术清单、不同领域关键核心技术攻关战略以及不同部门、不同行政区的政策协调。委员会定期对关键核心技术攻关效果进行评估，动态更新关键核心技术清单，制定下一阶段攻关战略。

第二，建议在上海市关键核心技术攻关委员会下设立关键核心技术评估小组，统筹负责上海市级层面关键核心技术的识别和筛选，构建常态化的关键核心技术筛选体制和流程。在具体机制和流程上，建议以上海市重点产业链为单位，由关键核心技术评估小组对各产业链重点企业进行全面调研和问卷调查，在产业链层面上征集影响产业发展的关键核心技术、未来新兴技术。与此同时，组建由企业、行业协会、科研机构、政府部门等多方充分参与的技术评估专家组（可以以产业链为单位，成立多个产业链层面的技术评估专家组），对从行业征集来的技术进行全面评估和筛选，形成各产业关键核心技术清单。上海市关键核心技术攻关委员会根据各产业关键核心技术清单形成上海市级层面的技术清单，以此作为上海市关键核心技术攻关的战略指引。上海市各行政区可以参考以上建议同步建立区级层面关键核心技术筛选体制和流程，形成区级层面技术清单。此外，关键核心技术清单制定以后，要结合技术现状、关键企业现状等方式采用公开或者非公开的方式发布，以引导各方主体进行技术研发投资以及明确政府政策支持方向。

第三，构建分级分类的关键核心技术攻关战略，以及技术攻关效果的定期评估和技术清单动态更新机制。根据关键核心技术的对外依赖程度、技术水平现状、技术攻关资源等因素，对上海市关键核心技术清单进行分级分类，对于不同类型的关键核心技术采用不同的攻关模式。具体可以分为三级攻关体系：一级技术攻关领域为上海维护国家产业安全以及抢占未来产业发展制高点的"卡脖子"技术和新兴技术；二级技术攻关领域为上海市产业发展和企业技术能力提升面临的共性技术；三级技术攻关领域为上海市与长三角等地区协同发展的技术领域。此外，要构建体制化的关键核心技术攻关评估体制，以市场需求和产业化为导向评估关键核心技术攻关效果，而不是以项目结项为导向评估关键核心技术攻关效果。需要注意的是，为了最大限度减少对企业运行的干扰和干预，关键核心技术攻关需尽量采用结果导向的管理模式，减少对攻关企业的过程监管。根据关键核心技术攻关效果，动态更新关键核心技术清单，制定下一阶段攻关战略。

（三）打造战略科技力量，强化国家实验室建设

上海强化国家实验室建设具有深远的意义。首先，国家实验室作为国家科技创新体系的重要组成部分，是引领和推动科技创新的重要力量。[①] 上海作为我国经济发达、科技实力雄厚的城市，建设高水平、高质量的国家实验室，有助于提升城市在科技创新领域的核心竞争力和国际影响力。其次，国家实验室在基础研究和应用研究方面具有独特的优势，能够为解决国家重大战略需求和突破关键核心技术发挥关键作用。上海强化国家实验室建设，可以进一步推动基础研究和应用研究的深度融合，加快科技创新和成果转化，为我国科技进步和高质量发展注入强劲动力。最后，上海作为我国改革开放的前沿阵地，在吸引和培养高端人才方面具有显著优势。强化国家实验室建设，可以为上海吸引更多的高端人才提供平台和载体，进一步壮大科技人才队伍，提升城市创新能力和水平。

第一，加强统筹协调和制度顶层设计。分类明确上海相关创新实验室战略定位和阶段目标，加强与国家实验室功能、标准的对接，对有基础、有优势和有机会纳入国家实验室序列的创新实验室，进一步聚焦优势资源和政策支持，制定近中期"冲刺"国家实验室阶段目标、实施步骤和任务安排。强化上海各部门统筹协调和联动，完善联席会议制度，高效推进建设、运行、考核和申报国家实验室工作。

---

① 郑世林、汉馨语、郭锡栋、张子盈：《国家战略科技力量与企业关键核心技术突破——来自国家和省级重点实验室的证据》，《中国工业经济》2024 年第 9 期。

第二，健全实验室治理架构和管理机制。完善理事会及成员架构，简化政府部门成员，适当增加科学界、产业界领军人才担任理事会成员，扩大共建单位范围和合作网络。加强与各级各类科技重大专项衔接，凝练组织跨学科、跨领域重大协同和联合攻关项目，强化创新链一体化布局和全流程项目支持机制。联合市财政资金、社会资本等设立实验室发展基金。引入同行评议制度，完善绩效评估指标体系，采取年度、项目里程碑等综合评估。

第三，建立激发创新活力的人才队伍。稳步提高实验室固定人员比重，扩大单聘、全职移聘、全职人员比例，保持固定人员和流动人员合理比例。将青年研究人员、博士后人员纳入双聘范围，同时探索双聘人员在不改变人事、科研关系的前提下科研经费叠加的"增量支持"机制和科研成果共享机制。完善双聘双跨人员评价考核机制，在稳步提高实验室固定人员比重的前提下，支持实验室研究人员在高校兼职担任学科教学人员和研究生培养校外导师。

绿色金融助力上海国际金融中心建设

范云朋　王思畅　郑联盛[*]

摘　要： 上海市高度重视绿色金融发展，致力于打造绿色金融枢纽，运用政策引导、风险管理、信息传递三大机制，深度参与国际气候经济体系，从而为上海国际金融中心建设贡献绿色力量。然而，上海市绿色金融高质量发展仍面临一系列瓶颈问题，需在充分借鉴国际经验的基础上，结合上海重点产业逐步补齐短板。本文旨在探索上海市在绿色金融领域的进步空间，为上海国际金融中心建设提供相关建议。

关键词： 绿色金融　气候风险　上海国际金融中心　高质量发展

党的二十届三中全会审议通过的《中共中央关于进一步全面深

---

* 范云朋，中国社会科学院金融研究所副研究员；王思畅，中国社会科学院大学应用经济学院硕士研究生；郑联盛，中国社会科学院金融研究所研究员。

化改革、推进中国式现代化的决定》对深化金融体制改革作出部署，明确要求"加快建设上海国际金融中心"。绿色金融作为五篇金融大文章之一，可以通过政策引导、风险管理、信息传递三大机制，促进企业的减污降碳和绿色创新，培育面向未来的新质生产力，推动经济社会高质量发展。发展绿色金融既是实现我国"双碳"目标的重要着力点，也是上海市政府确立的国际金融中心建设"十四五"规划的主要发展目标之一。积极推动绿色金融实践，对于上海经济社会绿色转型以及打造国际绿色金融枢纽具有重要意义，对于推动上海国际金融中心建设也至关重要。

一　上海绿色金融发展现状

"十四五"以来，上海从五个方面大力推进绿色金融枢纽建设，以绿色规划助力产业升级，以绿色信贷打通融资渠道，以绿色证券支持环保项目，以绿色创新拓展产品服务，以碳市场促进降碳进程。上海绿色金融枢纽建设为建设强大的国际金融中心提供了有力支撑。

在绿色规划方面，上海市政府积极响应党中央、国务院支持地方发展绿色金融的指导意见，构建绿色金融政策体系。2021年，上海市人民政府印发《上海国际金融中心建设"十四五"规划》，提出基本确立国际绿色金融枢纽地位的大目标，要求有关部门依托市场优势支持绿色低碳转型，丰富绿色金融创新产品，支持绿色金融专业服务机构发展，探索气候投融资试点以及优化绿色金融支持政策，此后各具特色的绿色金融从业机构不断涌现。2024年1月1日起生效的《上海市转型金融目录（试行）》鼓励金融机构支持高碳行业转型，为相关方强化绿色金融合作奠定基础，加速了重点企业的转型升级进程。2024 年 8 月 22 日，《上海市推进国际金融中心建设条例》修订通过，明确提出培育绿色金融认证机构，参与国际绿色标准制定，鼓励绿色金融机构开展碳核算和环境信息披露，持续建设绿色金融服务平台，支持生物多样性金融，协同发展金融市场和碳市场。

在绿色信贷方面，上海的绿色贷款不断加速发展，支持绿色项目有效改善环境质量。主要服务于绿色信贷的上海绿色金融服务平台于 2024 年 1 月正式上线，提供高质量绿色金融产品和服务，具备绿色信息服务等五大功能模块。截至 2024 年 3 月，该平台已接入 22 家金融机构，申报了 20 个绿色项目，发布了 48 个绿色金融产品，涵盖碳排放权质押贷款、节能项目建设贷款与分布式光伏贷等新型绿色信贷品种，有效应对上海绿色信贷发展中存在的绿色信息分散、绿色甄别难、企业融资难等现实问题。[1] 截至 2024 年一季度末，上海辖内银行业绿色信贷余额达 15191.96 亿元，较年初增长 10.04%。[2] 多家上市银行将绿色信贷作为高质量发展的关键环节，以上海银行为例，2023 年上海银行绿色贷款客户数达 2924 户，同比增加 130.24%，报告期内发放碳减排专项贷款 4.74 亿元，带动年

---

[1] 《上海搭建绿色金融产业"朋友圈"》，https://m.chinanews.com/wap/detail/chs/zw/10185045.shtml，2024 年 3 月 22 日。

[2] 上海市地方金融监督管理局：《首份长三角银行业绿色金融可持续发展报告在沪发布》，https://jrj.sh.gov.cn/QT186/20240531/e4fdffea40ab4a8882adb7df6af9a622.html，2024 年 5 月 31 日。

度碳减排量 56414.06 吨,① 在一定程度上有利于实现从"金山银山"到"绿水青山"的创造性转化,在打通企业绿色融资渠道的同时切实管控风险,实现经济效益与环境效益的双赢。

在绿色证券方面,得益于平台高效和规则完善,上海绿色债券快速发展。2023 年 3 月,上交所发布《上海证券交易所公司债券发行上市审核规则适用指引第 2 号——特定品种公司债券(2023 年修订)》,进一步规范了绿色公司债券申报及存续期管理等相关活动,同时调升绿色公司债券募集资金用于绿色项目的比例,将募集资金用途要求中用于绿色项目的募集资金比例下限由 70% 提升为 100%,并新增项目评估与遴选流程披露要求。此次修订有助于防止"漂绿"行为,完善了绿色债券评估认证、信息披露要求、绿色产业领域公司认定等绿色规则配套,为上海绿色证券蓬勃发展奠定了坚实基础。从绿色债券发行地区来看,2024 年上半年,上海市发行绿色债券规模为 256.11 亿元,居全国前列。从绿色债券发行场所来看,2024 年上半年,上交所共发行绿色债券 39 只,发行规模 475.82 亿元,占总发行规模的 19.12%。作为仅次于银行间市场的第二大绿色债券发行场所,上交所的绿色服务能力进一步提升。② 根据 2024 年 9 月 13 日数据,在上交所上市的绿色债券达到 653 只,托管规模达到 2610.07 亿元,还有 261 只绿色资产支持证券、31 只绿色 ETF

---

① 《上海银行股份有限公司 2023 年度报告》,https://www.bosc.cn/zh/jrsh/tzzgx/dqbg/2023ndqbg/202404/P020240426523189189570.pdf,2024 年 4 月 25 日。

② 中诚信绿金科技(北京)有限公司:《2024 年 ESG 债券半年报》,http://ccxgf.com.cn/article/258.html,2024 年 7 月 15 日。

和 108 只绿色指数，传递着绿色投融资市场的实时信息，有效引导社会资本投向环境保护项目。①

在绿色创新方面，上海充分发挥金融机构的主观能动性，辅以监管层的有效引导，丰富了绿色金融的产品广度与服务深度。上海自贸区第十一批金融创新案例中，绿色金融创新占比约为 17%，体现了监管层对打造国际绿色金融枢纽的高度重视。② 作为在国际层面备受瞩目的绿色金融理念，环境、社会和公司治理（ESG）在上海得到快速发展。中央国债登记结算公司上海总部下属中债估值中心推出全球首个全面覆盖中国债券市场公募信用债发行主体的 ESG 评价体系，推动 ESG 理念在上海落到实处。上海市浦东新区金融局联合中证指数公司编制发布"中证浦东新区绿色 50"ESG 指数，截至 2023 年 7 月底，该指数涵盖 50 个注册在浦东的上市公司样本，合计总市值 2.3 万亿元。"中证浦东新区绿色 50"ESG 指数样本公司平均绿色收入总额超出 A 股总体水平 23%，单位温室气体排放量低 66%，且 85% 的样本公司具有碳减排措施、实行绿色办公或设立专门的环境管理部门，平均社会贡献值超过 A 股总体水平 49%，反映出清晰的政策取向和风险预期，绿色低碳引领效应显著，成为这一时期绿色金融产品与服务的标杆。③ 自

---

① 上海证券交易所绿色证券专栏，https://www.sse.com.cn/services/greensecurities/marketdate/，2024 年 9 月 17 日。

② 上海市地方金融监督管理局：《中国（上海）自由贸易试验区第十一批金融创新案例基本情况表》，https://jrj.sh.gov.cn/cmsres/91/918cfb2b5f2148a7877f6ed33e9925e3/71510819291008a0d78f792355799855.pdf，2022 年 11 月 24 日。

③ 中央财经大学绿色金融国际研究院：《上海自贸试验区激活"绿色金融"强引擎》，https://iigf.cufe.edu.cn/info/1019/7467.htm，2023 年 8 月 23 日。

2024 年 5 月 1 日起，沪深北三大交易所联合发布的《上市公司可持续发展报告指引》正式实施，上交所共有 955 家上市公司发布 2023 年度 ESG 报告、社会责任报告或可持续发展报告。①

在碳市场方面，上海深入贯彻落实国家"双碳"战略，逐步完善碳排放权交易规则体系，稳步推进碳市场基础设施建设。作为最早开展区域碳排放权交易试点的城市之一，上海于 2013 年正式启动，至今已纳入钢铁、石化、化工、航空等 28 个行业的 378 家重点排放企业，吸引 1939 家单位开户交易。截至 2024 年 6 月底，现货品种累计成交量达 2.49 亿吨，累计成交额 46.09 亿元，履约率达到 100%。② 从减排效果看，2013 年以来，上海单位国内生产总值（GDP）二氧化碳排放量累计下降 50% 以上，其中碳市场起到了节能减排的重要作用。碳市场建设运营的"上海经验"在全国范围内得到有效推广，上海牵头承担了全国碳市场交易系统建设运维的重要职责。2024 年上半年，全国碳排放权交易市场月均成交量达 366.82 万吨，同比上涨 174.9%。③ 碳市场所提供的丰富信息有利于企业优化风险管理操作，企业交易趋向活跃也使得碳市场效率不断提高，④ 促进

① 《近四成 A 股公司披露 ESG 报告》，https://www.stcn.com/article/detail/1260984.html，2024 年 7 月 17 日。

② 上海市生态环境局：《上海碳市场十周年成效评估》，https://sthj.sh.gov.cn/hbzhywpt1272/hbzhywpt1158/20240726/3fbbddcbd80149b18418a85baa3a62b2.html，2024 年 7 月 25 日。

③ 中华人民共和国生态环境部：《全国碳市场发展报告（2024）》，https://www.gov.cn/lianbo/bumen/202407/P020240730303445792184.pdf，2024 年 7 月 21 日。

④ 齐绍洲、程师瀚：《中国碳市场建设的经验、成效、挑战与政策思考》，《国际经济评论》2024 年第 3 期。

节能减碳技术持续进步，推动绿色产业转型升级。

二 上海绿色金融枢纽建设的现存问题

2024 年 4 月发布的第 13 期全球绿色金融指数报告（GGFI 13）显示，上海的绿色金融发展指数位于全球第 28，而伦敦、纽约位居前列。[①] 总结主要国际金融中心建设经验，补齐上海绿色金融存在的四大短板，有利于强化上海绿色产业应对气候变化的长效机制，打造国际绿色金融枢纽，助力上海国际金融中心建设。

（一）绿色金融顶层设计需进一步完善

上海在清洁能源设施、碳排放信息平台、减污降碳长期规划、绿色产业基金、绿色产品认证和绿色创新激励方面的相关政策需进一步优化，更加注重可操作性。在伦敦，绿色政策是历年市长规划的重要内容，伦敦市政府参与设立了绿色金融基金（Green Finance Fund）[②]，支持能源效率、清洁交通和可再生能源项目以帮助城市实现 2030 年净零排放目标，并向大伦敦管理局（GLA）集团、伦敦的 32 个地方政府、社会住房提供者、英国国家医疗服务体系（NHS）

---

① 参见 https：//fsclub. zyen. com/professional－articles/the－global－green－finance－index－13－supplement－h2－go－the－hydrogen－economy－pipedream－or－panacea/？_refluxos＝a10，April 2024。

② https：//www. c40. org/zh－CN/case－studies/c40－good－practice－guides－london－london－green－fund/，November 2016。

机构、大学和学院等开放贷款申请，推动环保低碳观念深入人心。[1]
英国政府制定了《绿色分类法》（Green Taxonomy）来帮助投资者更
好地识别绿色投资项目以确定优先级，对高碳行业企业实施重点监
管，同时持续更新全伦敦绿色网格（ALGG），其长期规划包括制定
一份绿色基础设施"重点地图"，并探索新的绿色资金来源，包括
社区账户、慈善捐款、可持续保险收入和环境征税与罚款等新种
类。在纽约，政府制定了减少碳排放的明确时间表，以及《社区再
投资法案》和《气候动员法案》，支持可再生能源、能效提升、绿
色基础设施、防洪减灾等气候变化减缓与适应项目，提振了参与者
应对气候变化的预期信心。参考伦敦、纽约经验，结合中国国情与
上海特色产业制定针对性政策，将成为建设绿色金融枢纽的重点。
同时，上海也应考虑完善关于气候公平的制度安排，产业的绿色转
型可能引发就业困难，经济结构低碳化可能提升民众消费成本。伦
敦在规划政策中将应对变化、绿色经济增长和缩小贫富差距作为重
点并列，三者结合使得伦敦绿色金融业务增长强劲，伦敦本地 11 个
绿色经济部门的销售额约为 50 亿英镑，创造了 32130 个绿色就业岗
位，占该区域总就业岗位的 4.6%。[2] 纽约在政策制定过程中注重气
候公平，重视气候风险应对措施的透明性和社会效益，确保金融机
构及利益相关者将气候公平考虑纳入其治理框架、风险管理、业务

---

① Commissioner's Report, https://board. tfl. gov. uk/documents/s20563/Com-missioners Report. pdf, July 2023.

② Local London Plan, https://www. local. london/wp-content/uploads/2023/04/Local-London-Plan-Towards-2026. pdf, April 2024.

战略和服务实践等环节。纽约市可持续发展办公室为建筑业主、房屋租客、开发商和服务提供商提供不同类型的融资和激励计划，以技术援助、补贴、贷款、返点和社会激励措施等形式，帮助参与者在建筑物温室气体排放降低的同时降低能源使用成本，创造节能减排的良好预期。① 对标全球绿色金融中心，上海在保护气候公平和绿色激励等领域仍需进一步细化完善。

（二）绿色市场体系有待进一步健全

一是政府主导特征较明显。上海绿色市场在权责分配、规则制定、信息公开和资金流向等方面依赖政府引导，政策性业务偏多，市场参与者的主动性与多元化不足。二是参与者的国际化程度较低。上海绿色市场的产品种类繁多，但其发起者和购买人绝大多数都是中国实体，币种主要为人民币，评级机构等参与者也以国内企业为主，缺乏跨国公司。适当引入外资和国际机构，有利于发挥"鲇鱼效应"，提升绿色市场信息传递效率，增强绿色金融服务实体企业的能力，推动绿色金融实践不断深入，打造具备国际影响力和话语权的绿色金融中心。伦敦以高度自由化、开放性、标准化和法治化作为绿色产业营商环境的核心竞争力，吸引国际金融机构、高级智库、跨国公司和中介机构等相互伴生、交叉共赢。伦敦证券交易所依据《富时绿色收入分类系统 2.0》对企业绿色收入的所占比例进行评估，其结构中包括 10 个主板块、64 个子板块和 133 个微观板

---

① Green Economy Action Plan, https://edc.nyc/sites/default/files/2024-06/NYCEDC-Green-Economy-Action-Plan-05-31-2024.pdf, May 2024.

块，可以针对公司的绿色业务及其对收入的实质性影响提供全面和细化的指引，该标准已成为其他地区发展绿色金融的重要参考。[1] 在伦交所的参与者中，获得绿色经济认证的公司和基金数量稳步增长，从 2019 年的 74 家增加到 2024 年的 108 家，总市值从 550 亿英镑增加到 1728 亿英镑，占伦交所所有上市公司的 6%，使绿色经济成为伦敦重要的战略增长机遇。[2] 纽约致力于吸引跨国金融机构，采取积极开放政策和国民待遇原则，由此成为全球首要的跨国公司枢纽，金融资源集聚度继续提升，为纽约绿色金融发展创造良好条件。依托美国科技创新中心地位和风险投资文化，纽约逐步成为全球股权投资中心，纽约证券交易所的股票市值与成交规模均位居世界前列，为绿色金融产业创造了巨大的发展空间，其绿色、社会及可持续债券的发行与管理规模领先于其他金融中心。[3] 纽约长期举办华尔街绿色峰会，创立世界知名的气候经济非政府组织（NGO），纽约金融服务局等机构加入绿色金融体系网络（NGFS），不断扩大绿色金融领域的信息效能和国际影响力。作为"一带一路"倡议的重要支点和人民币国际化的开路先锋，上海需要增强国际绿色金融

---

① Green Revenues 2. 0 Data Model，https：//www. lseg. com. cn/content/dam/ftse-russell/en_us/documents/other/green-revenues. pdf，August 2024.

② The Green Economy Mark：Five Years of Green Growth，https：//docs. londonstockexchange. com/sites/default/files/documents/LSE–green–economy–report–2024. pdf，February 2025.

③ 《纽约国际金融中心发展历程及与香港比较》，《工银亚洲研究》2024 年 4 月 17 日，https：//mp. weixin. qq. com/s/IkdEZpd–rMXeFfOan4VHew。

中心的全球影响力和业务竞争力。①

（三）绿色金融基础设施仍有进步空间

上海绿色行业存在项目标准不统一、信息披露不全面、激励机制不明显的情况，缺乏明确的数据跨境流动监管规则，导致绿色金融产业链、供应链、创新链贯通产生问题堵点，放大了绿色项目可能产生的风险。伦敦政府的环境战略强调收集、管理和共享自然环境经济数据的重要性，促成了大伦敦绿色信息部（GIGL）和绿色金融投资中心（CGFI）的成立，负责全市范围内的标准统一、数据整合和综合运用。纽约是全球经济金融信息中心，掌控着彭博资讯、华尔街日报、汤森路透等世界金融数据资讯的权威信息来源，为绿色金融产业高效赋能。纽约设立绿色银行（NYGB），通过公共-私营合作伙伴关系（PPP）来有效分散风险，降低绿色低碳技术的应用成本，支持绿色转型和低碳项目落地实施。截至 2022 年 3 月 31日，纽约绿色银行为风能、太阳能、生物质能以及能效提升项目提供了 7.36 亿美元的资金支持，完成了绿色屋顶改造、可持续排水系统、野生动物栖息地建设等长期项目。② 碳市场作为重要的绿色金融基础设施，在我国尚处于早期发展阶段。伦敦依据《气候变化法案》进行信息公开，明确部门权责，确立制度框架，对英国碳市场

---

① 李志青、胡时霖：《上海打造国际绿色金融枢纽的挑战及对策分析——基于国际比较的视角》，《新金融》2023 年第 12 期。

② NYSERDA New York Green Bank Financial Market Transformation Evaluation，https://dunsky.com/wp-content/uploads/NYGB_MT-Evaluation-2019-22_Final-Study_October-2023-Dunsky.pdf, October 2023.

（UK ETS）的分配机构、参与主体、产品种类、交易规则、违规处罚等方面做出详细规定，不断丰富碳市场交易主体与产品种类，影响企业的碳资产与碳风险，实现与绿色金融的协同发展。上海碳市场对其他省（区、市）项目涉及较少，对气候风险的识别和处理能力有待提升，亟须绿色金融行业的优秀人才参与建设，完善碳产品种类、交易活跃程度、行业覆盖范围、市场参与主体等方面的发展路径。

（四）绿色金融产品结构不够合理

绿色债券的发行期限较短，不利于形成绿色固定资产及支持长期环境改善项目。近年来，上海发行的绿色债券数量保持增加，但托管规模出现下降，从 2023 年 9 月的 2859 亿元下降至 2024 年 9 月的 2608 亿元,① 其中有债券集中到期和市场变动因素，但这一数据仍说明绿色债券的发展基础需要巩固。上海绿色信贷在贷款余额中的占比较低，在降低绿色融资成本方面存在进步空间。此外，上海的绿色金融创新数量与伦敦、纽约存在较大差距，且发展路径主要是借鉴国际绿色金融创新，再结合上海特色做出本地化产品，而源于上海、引领世界的突破性创新较少，限制了上海绿色金融行业的风险管理和信息传递功能。这一方面是由于上海缺少绿色创投环境，而伦敦拥有 359 家气候科技初创企业，为绿色基金提供了充足的投资选项，2022 年伦敦在绿色科创领域完成了 104 轮融资。2018～

---

① 《上海证券交易所绿色证券专栏市场概况》，https://www.sse.com.cn/services/greensecurities/marketdate/，2024 年 9 月 19 日。

2023 年，伦敦和纽约的气候科技风险投资额分别达到 56.3 亿美元和 44 亿美元，投资额增幅为 672% 和 223%，显示出国际绿色金融枢纽在开展绿色创新、积极应对气候变化方面的巨大潜力。① 伦敦绿色基金（LGF）已稳定增值逾 15 年，始终投资于减少碳排放的绿色企业，并开发新的"绿色指数"来降低投资风险。伦交所创建《富时绿色收入分类系统 2.0》总结绿色行业企业的关键信息，为公司的绿色业务提供全面指引，成为其他地区发展绿色金融的重要参考。另一方面，上海绿色金融从业者需要运用新技术，参考纽约州能源研究与发展局（NYSERDA）开展金融创新，为住宅所有者改善能源效率提供可持续的现金流。纽约市财政局开发了新型绿色金融工具"气候账户"（Climate Dash），通过结合金融科技的碳核算技术，评估城市减少碳排放的有效性，预测社区对气候变化影响的应对准备情况，分析纽约市在实现气候目标方面的进展。综上所述，上海作为绿色金融枢纽，需要绿色产品与绿色服务的深度创新。

三 上海打造国际绿色金融枢纽的政策建议

中央金融工作会议指出，要做好绿色金融大文章。建设国际绿色金融枢纽是加快建设上海国际金融中心的重要内容，未来应进一步增效能、齐要素、补短板，通过合理的顶层设计、市场体系、基础设施体系和产品体系为上海绿色发展提供金融支持。

① 伦敦发展促进署与 Dealroom 数据库，https://finance.stockstar.com/IG20230306 00000682.shtml，2023 年 3 月 6 日。

（一）完善上海绿色金融发展顶层设计

一方面，上海要确立绿色金融发展与经济低碳转型长期规划。应落实绿色低碳产业发展行动方案，强化节能降碳目标责任和评价考核，做好年度绿色工作计划安排，对目标任务进行监督指导，完善各部门和各区年度节能降碳综合评价体系，搭建绿色低碳产业发展动态监测评估框架，进一步明确上海未来十年绿色金融的主要任务，增强气候政策确定性，逐步形成政策引导行业预期的长效机制。推动建立碳排放统计核算制度，制订重点单位管理办法，尽快出台年度碳排放报告编制和技术审核的具体规则，完善碳排放数据质量监管体系，深化产品碳足迹和绿色认证相关制度，积极申建国家绿色金融改革创新试验区。[①] 贯彻落实《上海市推进国际金融中心建设条例》，补全国际金融中心建设中的绿色金融板块，确立上海绿色金融产业未来发展的阶段目标与空间布局，逐步完善《上海市转型金融目录（试行）》，设定各细分领域的降碳准入值和先进值，注重专家意见对降碳路径与环保技术的指导和传播效果，扩大转型金融的受益者范围。

另一方面，要强化能源市场和碳排放交易市场作用。上海需要大力推进电力市场改革，适时引入电力期货等产品与服务以提升市场效率，充分发挥电力市场的风险管理与信息传递功能，探索氢

---

① 马莹莹、姚文艳、姜玲、薛雅伟：《绿色金融改革创新试验区政策对城市减污降碳的影响及作用机制》，《中国人口·资源与环境》2024年第6期。

能、生物质能及可持续绿色燃料的市场建设。应注重碳市场和财政绿色信贷贴息政策的协同效应，正确处理"双碳"目标与经济发展预期之间的关系，定期公布上海碳市场运行的面板数据、典型案例和关键指标，确定碳市场监督管理工作中检查与核查人员的权利与义务，具体说明重点排放单位的确定条件和排放配额分配规则。应用碳金融创新，发展碳核算、碳评价、碳管理、碳咨询等新业态，将各类碳资产融入绿色金融产品设计，为引入有偿分配、增加控排行业、金融机构参与预留政策空间。[1]

此外，上海应注重气候公平的制度安排。为保障绿色转型的公平性，相关政策需考虑弱势群体的特殊需求，加快碳普惠体系建设，采取绿色家电补贴、燃料价格减免、错峰用电优惠等方式及时做出回应，充分运用屋顶资源，优化分布式光伏补贴政策，鼓励消费者优先购买绿色低碳产品。应进一步优化绿色企业营商环境，加大对绿色建材、新能源车船等绿色低碳产品的政府采购力度，要求国有企业建立完善绿色采购工作机制，引导绿色信贷适当向中小微企业倾斜，发挥绿色产业的稳就业功能。[2]

（二）健全跨区域绿色市场体系

上海可以建立面向全国绿色金融要素和有效链接国际市场的现代绿色市场体系，形成绿电交易、绿证交易与本市碳排放权交易之

---

[1] 马广程、曹建华、丁徐轶：《非位似偏好、碳市场与异质性政策协调的减排效应》，《中国工业经济》2024 年第 2 期。

[2] 张莹、姬潇然、王谋：《国际气候治理中的公正转型议题：概念辨析与治理进展》，《气候变化研究进展》2021 年第 2 期。

间的高效衔接机制，有序开展连接国际碳市场的相关工作。应注重有效市场和有为政府的结合，支持绿色供应链龙头企业组建协会、同盟等自律组织，推进供应链上下游绿色协同。可适时开通绿色业务咨询专线，邀请社会各界专家、碳市场参与者和有关部门定期开展与绿色市场相关的座谈会、研讨会，了解市场动向，填补政策空白，在绿色平台运营中充分发挥参与者的主观能动性。应逐步建立详细可操作的全过程绿色认证体系，鼓励绿色市场参与者追求多元化的资金来源，基于项目真实需求确定绿色投融资期限，探索与减污降碳效果相关联的利率确定规则，优化金融机构绿色金融业绩评价标准，引导在沪金融机构为绿色项目提供期限更长、成本更低的绿色投融资服务。上海可以加深与其他省市的能源环境及绿色金融合作，在绿色领域加速长三角一体化进程，做好地区间生态环境主管部门、金融监督管理局、碳排放权交易机构的政务协同工作，畅通不同部门和机构的数据分享渠道，逐步建立环境指标、清洁认证、低碳规划的常设信息披露沟通机制，防范区域边界的监管盲区，推动清洁能源基础设施的高效互联。[①] 同时，可优化与香港的绿色金融功能协作互补，促进沪港在绿色金融标准体系建设上达成共识，实现绿色投融资和碳排放市场、绿色分类和绿色认证、可持续披露三大领域的互联互通，推动沪深港通下股票 ETF 合资格产品范围覆盖更多绿色金融范式，引入 ESG 港币回购业务，将优质绿色信托资产纳入沪深港通，优化绿色基金互认安排。

---

① 李天一、张松、许静林：《多措并举强化绿色金融信息披露》，《中国金融》2024 年第 14 期。

应对百年未有之大变局，上海需提升在国际气候经济合作中的影响力，尽快制定欧盟碳关税应对方案，协调推动中欧企业的碳排放配额互认，研究国内碳市场与世界其他碳市场的标准互认、配额交易、主体合规工作，明确数据跨境流动的对策措施，完善绿色金融数据分级监管细则，打通绿色投资"引进来"与"走出去"的渠道。① 以上海国际碳中和技术、产品与成果博览会为抓手，完善各方在上海达成气候经济与绿色技术合作的配套措施。上海可以发起多边绿色倡议，制定绿色金融领域国际标准，鼓励企业参与国际绿色金融基础设施建设，积极宣传上海应对气候变化的措施效果与先进技术，以"清洁美丽世界"为核心，向世界各国传递人类命运共同体理念。

（三）建立完善上海绿色金融基础设施体系

建议上海建立覆盖主要建筑的数字化碳排放信息平台，运用新一代信息技术主动发现碳违规，融入智慧城市"一网统管"系统，为投资者、中介机构与融资方提供实时透明的绿色资产数据，解决企业融资难、交易成本高、绿色认证慢、指标不明确和信息不对称问题。同时，应研究绿色效益核算评价方法，制定绿色项目入库分类指引，建立绿色项目库，持续完善上海绿色金融服务平台，紧跟市场热点与行业趋势，不断增加绿色金融参与者需要的新功能、新模块。上海可成立绿色标准制定委员会，其成员应

---

① 王锋锋、殷晓鹏、杨旭、胡希元：《欧盟碳边境调节机制新动态对我国外资外贸的影响及应对》，《国际贸易》2024 年第 7 期。

包括金融监督管理部门、生态环境主管部门、环境监测研究机构、绿色环保产业公司、高校智库等，充分考虑现实情况、未来愿景与国际经验，制定章程、细则与规划，提升上海绿色金融标准化水平，同时培育对标国际先进水平的绿色金融信息服务机构。在此基础上，上海应强化可持续发展报告与 ESG 信息披露的核查流程，适时发布"强制披露"范围扩容的明确时间表和具体实施方案，重视公司内部可持续发展监管部门对业务目标和员工主体的代表性，研究发布绿色发展配套支持工具包与细化指标索引，逐步制定对披露企业的抽样检查、穿行测试和气候风险压力测试制度，要求企业强化对劳务派遣、外包等行为的责任意识，避免碳泄漏与污染逃逸，确保各参与方风险与收益的平衡性，保障社会价值与环境效益有效实现。可协同上海税务、社保、环境等部门核对披露数据有效性，补充对信息造假和隐瞒重大事件的惩罚细则，适时引入 ESG 诉讼制度。[1] 未来，上海要重视绿色金融人才培养与人才引进工作，支持金融机构与高校建立绿色人才联合培养机制，研究制定绿色金融领域的权威资格认证。政府应优化落户、创业、住房、医疗等方面的激励优惠政策，以金融报国理念感召人才，鼓励绿色金融从业者扎根上海。

（四）优化上海绿色金融产品矩阵

一是丰富绿色债券市场。建议降低绿色债券的管理与发行成

---

① 郑少华、王慧：《ESG 的演变、逻辑及其实现》，《上海财经大学学报》2024 年第 4 期。

本，探索发行政府债券帮助环境效益显著的长期气候变化应对项目，促进绿色增信服务参与绿色债券市场，简化境外机构发行绿色熊猫债的业务流程。二是充分发挥绿色信贷作用。上海可通过信贷资源配置推动高污染、高能耗企业实现绿色低碳转型。应加强环境气候风险核查跟踪管理，为绿色贷款者与融资企业的成本收益核算提供环境标准。同时运用财政奖补、货币政策工具倾斜、金融管理部门考核评价等方式，提高金融机构发展绿色信贷的积极性，结合绿色供应链金融传递绿色转型的积极信号。① 三是扩大绿色基金与绿色保险规模。上海可吸引社会保障基金、养老保险基金等长期机构投资者投资绿色基金，丰富个人投资者参与渠道，加大对符合条件的企业上市融资和再融资用于绿色低碳项目建设运营的支持力度，鼓励绿色企业和金融机构设立绿色低碳产业基金。鼓励保险机构研究建立企业碳排放水平与保险定价的全方位、多角度、分层次关联机制，加快新能源汽车保险等新业态发展。四是鼓励绿色创新。上海可制订科技支撑碳中和行动计划，进行未来能源和颠覆性降碳技术的战略布局，推进碳捕集、绿氢、深远海风能开发、新型储能和智能电网等前沿技术攻关和基础研究。培育新能源技术产品研发与转化服务平台，组建一批本市碳达峰碳中和领域新型研发机构和重点实验室，打通绿色低碳技术投入市场的关键堵点，搭建多层级金融支持绿色创新体系，降低实体企业绿

---

① 刘金科、刘霁萱、晁颖：《绿色信贷与低碳转型：资本整合还是技术创新？——来自准自然实验的证据》，《数量经济技术经济研究》2024年第 6 期。

色租赁业务成本。应推动绿色金融创新项目加入上海资本市场金融科技创新试点，建立高质量绿色金融数据集，开创获取气候风险信息的新途径，使绿色创新成为上海打造国际绿色金融枢纽的蓬勃动力。

中国数字企业境外投资动因、路径和政策启示

张　娟　徐美娜　俞帅帅*

摘　要： 数字跨国公司是数字经济全球化的重要表现和主要推动力，中国已成为全球数字直接投资的前三大来源地之一。结合数据和案例，本文得出中国数字企业境外投资更加倾向获得战略资产、市场、效率和资源的结论，据此提出分散市场、提高香港平台作用、建立数字自贸试验区和提高数据出境安全的建议。

关键词： 数字企业　境外投资　天生型跨国公司

一　引　言

数字技术依托互联网、移动设备与通信基础设施的发展，进一

---

* 张娟，上海市开放战略研究中心（上海 WTO 事务咨询中心）副主任、研究员；徐美娜，上海对外经贸大学国际经贸研究所副研究员；俞帅帅，上海对外经贸大学硕士研究生。

步衍生出 5G 通信、大数据、云计算、人工智能等技术，引发企业生产技术、要素、方式和管理等变革，先后诞生了信息与通信技术（ICT）企业，以及互联网平台、数字内容、电子商务、数字解决方案等科技企业，统称为数字企业。① 数字企业跨越边境开展投资和贸易活动，推动了数字跨国公司的兴起。

跨国公司内部化理论和折中主义范式理论描述了企业进入国际市场的决策机制，或者在特定市场通过特定进入模式进行国际化的决策。20 世纪 90 年代，数字化企业的快速国际化，对内部化理论、折中主义范式提出了质疑，在传统的跨国公司国际化理论中，巨大的文化和地理距离会阻碍市场进入，但是数字企业可以通过有限投资进入市场，并且能够逾越文化和地理的障碍，同时数字跨国公司的布局更多侧重现实的战略需要，而不是遵循传统投资导向的逻辑。② 数字跨国公司发展之初，与开展数字化转型的跨国公司或仅使用数字技术赋能的传统跨国公司差异较大，但是随着数字技术被传统跨国公司广泛应用，数字跨国公司和传统跨国公司的生产技术、生产要素、组织方式逐渐趋同，数字跨国公司所拥有的技术、管理者海外经历对其国际化发展没有统计上的显著性影响，而商业

---

① UNCTAD, *World Investment Report 2017*: *Investment and the Digital Economy*, Geneva: United Nations, 2017.

② Maximilian Stallkamp, Liang Chen, and Sali Li, "Boots on the Ground: Foreign Direct Investment by Born Digital Firms." *Global Strategy Journal*, vol. 13, no. 4, 2023, pp. 805-829.

模式的差异成为数字跨国公司和传统跨国公司的最大区别，① 其逻辑是传统跨国公司主要通过在东道国设立分支机构来开展销售、生产、售后服务，而数字企业可以通过平台为海外客户提供服务，从而避免在远距离和未知环境中管理外国子公司所产生的问题，在东道国也因缺乏实体存在减少了被歧视的风险。因此，数字跨国公司同时具有天生型跨国公司的属性，它们使用通信技术基础设施、机器人自动化、人工智能增强系统、供应链数字化、云、物联网以及增强制造等技术，以基于互联网的方式向顾客提供产品与服务，在成立后快速、深度国际化，数字跨国公司是当前国际贸易与投资领域的新兴力量，其实践给国际投资和跨国公司等理论带来了补充、创新甚至颠覆。

从实践看，近年来中国重视数字企业境外投资，《国务院办公厅关于促进平台经济规范健康发展的指导意见》（2019）、《"十四五"数字经济发展规划》（2021）等文件对中国数字经济发展做出了战略部署；《数字经济对外投资合作工作指引》（2021）的发布，对中国企业在数字经济领域开展对外投资合作做了指引和安排；

---

① Jean-françois Hennart, "The Accidental Internationalists: A Theory of Born Globals." *Entrepreneurship Theory and Practice*, vol. 38, no. 1, 2014, pp. 117–135. Ricarda B. Bouncken, Miriam Muench, and Sascha Kraus, "Born Globals: Investigating the Influence of Their Business Models on Rapid Internationalization." *International Business & Economics Research Journal*, vol. 14, no. 2, 2015, pp. 247–255. Jean-françois Hennart, Antonio Majocchi, and Birgit Hagen, "What's So Special about Born Globals, Their Entrepreneurs or Their Business Model?" *Journal of International Business Studies*, vol. 52, no. 9, 2021, pp. 1665–1694.

《促进和规范数据跨境流动规定》（2024）又进一步对跨境数据流动进行了规范。中国正在加大在"一带一路"、"区域全面经济伙伴关系协定"（RCEP）、金砖国家、中欧合作等框架下开展数字领域合作。中国数字企业正在加速通过跨境电商、跨境并购、绿地投资等方式积极扩展国际业务，提升国际化的广度和深度。但是，随着数字外国直接投资（FDI）的准入和经营壁垒越来越高，许多国家出于数据主权与隐私保护的需求加强了对数字 FDI 的安全审查，中国数字企业境外投资面临越来越严峻的形势。2024 年，TikTok 面临被封禁的风险，SHEIN、Temu 和速卖通也被扣上"损害美国制造商利益"的帽子，投资限制、经营限制和调查指控成为中国数字企业境外投资迫切需要应对的问题。

基于此，本文以中国数字企业境外投资为研究主题，辨析数字跨国公司境外投资的特征、动因和机制，分析中国数字跨国公司境外投资的逻辑，聚焦中国数字企业境外投资的现实挑战，提出相应的对策建议。

二　数字跨国公司 FDI 特征和动因

2008 年全球金融危机爆发以来，全球 FDI 增长缓慢，年均流量始终没有恢复到危机前的水平。2023 年，全球 FDI 流量为 1.3 万亿美元，如果除去管道型投资（Tunnel FDI），全球 FDI 流量比 2022 年下降了 10% 以上。与此同时，数字 FDI 在曲折中增长，数字跨国公司在国际生产中的地位日益提升，与全球经济断裂、贸易和地缘政治紧张、产业政策和供应链多元化、全球投资增长前景趋弱态势形成对比。

（一）数字企业国际投资的趋势

一是新冠疫情引致数字产业绿地投资金额增长。新冠疫情驱动了数字跨国公司 FDI 在疲软的投资环境中逆势而上，根据 2023 年和 2024 年联合国贸易和发展会议（UNCTAD）发布的《世界投资报告》，2022 年数字产业绿地投资金额为 320 亿美元，为历史峰值。其中，电子商务是新冠疫情期间数字产业中绿地投资项目数和金额最高的领域，占比分别超 50% 和 60%。互联网平台绿地投资额增长近 1.5 倍，推动数字产业绿地投资额维持在 3% 的增速。但是，随着新冠疫情大流行的结束，2023 年，数字产业 FDI 价值接近大流行前的水平，绿地项目数量减少了一半，而且所有数字行业细分领域的绿地项目数普遍下降。尤其是近两年来随着先进的大型语言模型的发展，部分数字跨国公司暂停了投资，依赖呼叫中心或软件编程等离岸数字服务的发展中国家，更因自动化水平的提高而面临投资或者贸易被替代的风险。二是数字产业投资导向存在领域差异。大部分数字跨国公司的绿地投资项目用于建设物流和销售支持点以维持或提高市场份额，数字内容提供商将超过 1/3 的投资用于研发中心建设以提高技术创新能力，数字解决方案提供商将 1/3 的投资投入互联网基础设施以提高运行效率和战略竞争能力。

（二）数字企业境外投资模式与载体

在各类数字企业中，平台类数字企业的全球化趋势最为明显：第一，从数字企业的全球规模看，数字平台 100 强企业（按照全球市场排序）中，美洲企业与亚洲企业各占42%，欧洲企业占14%，非洲企业仅占2%。其中，市值排名前十五的数字平台企业主要是电子商务平台企业、人工智能企业、云平台企业、电子支付企业，包括微软、苹果、亚马逊、Alphabet（谷歌）、Facebook、阿里巴巴、腾讯、三星、蚂蚁金服、奈飞、平安科技、SAP、Salesforce、PayPal、字节跳动。第二，从不同类型企业的选址分布看，基于数字跨境流动的企业（云平台企业、电子支付企业、社交媒体企业、搜索引擎）主要投资在新加坡、澳大利亚。基于数字技术（如人工智能）的企业，对日本、印度、中国、韩国的投资热情高。基于消费市场的企业（如电子商务平台企业），对中国的投资热情高。

表1　全球数字平台100强企业的国别分布及占比

单位:%

数字平台类型 （OECD 分类）	母国	企业占比
电子商务平台	美国	40.91
	中国	31.82
	德国	9.09
	阿根廷	4.55
	南非	4.55
	挪威	4.55
	英国	4.55
工业互联网平台	美国	61.54
	中国	15.38
	德国	7.69
	日本	7.69
	法国	7.69

数字平台类型 （OECD 分类）	母国	企业占比
金融技术平台	美国	28. 57
	英国	14. 29
	荷兰	14. 29
	中国	14. 29
	瑞典	14. 29
	德国	14. 29
在线分享平台	美国	42. 86
	中国	28. 57
	印度	7. 14
	南非	7. 14
	俄罗斯	7. 14
	瑞典	7. 14
在线社交网络平台	美国	58. 33
	中国	33. 33
	韩国	8. 33
在线搜索平台	美国	60. 00
	俄罗斯	20. 00
	中国	20. 00
在线众包平台	美国	28. 57
	印度尼西亚	14. 29
	中国	14. 29
	印度	14. 29
	德国	14. 29
	新加坡	14. 29

注：数字平台类型分类标准参照 OECD 分类。

数据来源：笔者根据 UNCTAD 2019 年公布的全球数字平台企业 100 强计算得到。

（三） 数字企业境外投资的动因

根据邓宁（Dunning）的国际投资理论，① 跨国公司国际投资动因主要分为资源寻求、市场寻求、效率寻求和战略资产或能力寻求四种类型。跨国公司国际投资动因相对多元，可能是两种或者更多类型的组合，并且随着跨国公司所处阶段的不同，其动因也可能发生变化，通常而言，跨国公司国际投资的初始化目的是获取资源或是获取市场，随着国际化程度的加深，提升效率和竞争优势也是跨国公司开展国际投资的动因。

随着数字跨国企业的兴起和发展，有关数字跨国公司的研究开始增多，包括对政治影响（如 Twitter）、税收合规（如谷歌）和数据隐私（如 Facebook）等的研究。2017 年，UNCTAD 在《世界投资报告》中首次分析并提供了数字跨国公司 100 强（TOP100）的排名，分析解释了数字跨国公司与非数字跨国公司不同的跨国经营指数（TNI）特征，该指数捕捉了数字跨国公司的轻投资足迹以及数字化对所有行业的影响。数字跨国公司不需要在国外市场有实体存在就能接触到消费者，因此在外国资产比重非常少。数字跨国公司在无形资产、数字资产、网络方面具有特定优势，它们能够在短时间内达到规模，并无缝地向海外扩张。随后，更多的研究发现数字跨国企业作为跨国公司的一类，具有独特的商业模式

---

① John H. Dunning, "Toward an Eclectic Theory of International Production: Some Empirical Tests." *Journal of International Business Studies*, vol. 11, no. 1, 1980, pp. 9–31.

和国际投资进程,① 本文结合国际投资理论以及天生型跨国公司理论和机制来分析其国际投资的动因。

1. 市场寻求型

市场寻求型国际投资的目的是维持、保护、开拓和升级市场，跨国公司将此类投资视作其生产和营销战略的一部分，并认为这是在其竞争对手提供服务的东道国获得市场份额的必要战略。数字跨国公司的发展以及全球价值链的数字化，改变了 UNCTAD 的跨国公司 TNI 指数走势，尤其是海外销售额与海外资产的比例，TNI 指数的变化可以洞见数字跨国公司国际投资结果，以此来分析数字跨国公司的投资动因。

从 TNI 的截面数据看，2023 年，数字跨国公司 TNI 指数中海外资产份额与海外销售份额之比为 1∶1.29，而其他跨国公司为 1∶1.02，这不仅说明数字跨国公司能以更少的资产获得更大的国外市场，而且说明数字跨国公司海外投资的目的是获得东道国更大的市场份额，体现了市场寻求型特征。除了资产、销售在 TOP100 中占比保持增长，根据 2017～2023 年 UNCTAD《世界投资报告》，数字跨国公司海外销售在 TOP100 总销售中占比平均超过 50%，最高达 60%，体现了数字跨国公司国际化速度快、程度深等特征，这与天生型跨国公司的理论和特征基本契合。②

---

① Harald Puhr, Jakob Müllner, and Claudia Trentini, "An Innovative Measure for Digital Firms' Internationalization." *Transnational Corporations*, vol. 30, no. 3, 2023, pp. 129-159.

② Harald Puhr, Jakob Müllner, and Claudia Trentini, "An Innovative Measure for Digital Firms' Internationalization." *Transnational Corporations*, vol. 30, no. 3, 2023, pp. 129-159.

从 TNI 的时间序列数据看，2019～2023 年，在 UNCTAD 全球跨国企业 100 强（TOP100）中，数字跨国企业整体呈现稳定增长态势，科技、ICT 两类跨国公司的总量稳定在 21～23 家（见图 1），其资产（见图 2）和营业收入（见图 3）占全球跨国公司 TOP100 比重分别在 22%～26%、21%～27%，科技跨国公司的增长快于 ICT 跨国公司。在资产规模占比方面，科技跨国公司从 2015 年的 11% 增长至 2019 年的 16%，2021 年进一步提升至 18%，而 ICT 跨国公司的资产规模占比增长较为缓慢，2015 年为 9%，与 2019 年的 10% 相差较小。在营收规模占比方面，科技跨国公司在 2010～2015 年维持稳定增长，2015 年的占比为 12%，2019 年升至 18%，2020 年达到峰值 21%，尽管随后略有下降，但始终维持在较高水平。

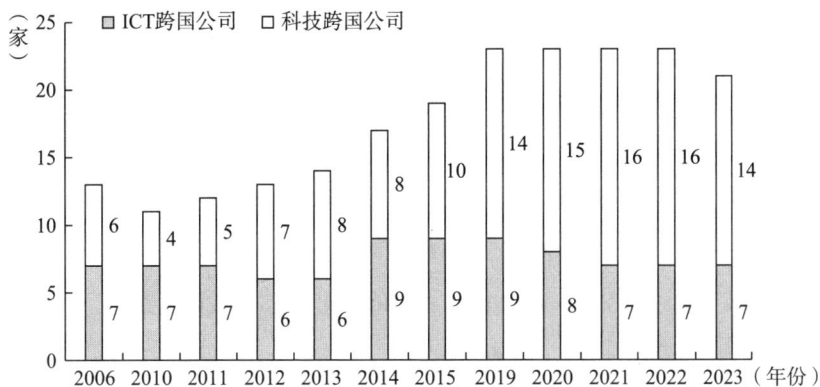

图 1 部分年份 TOP100 科技、ICT 跨国公司数量变化情况

资料来源：根据 UNCTAD TOP100 数据整理。

说明：缺失年份数据因 UNCTAD TOP100 未提供。

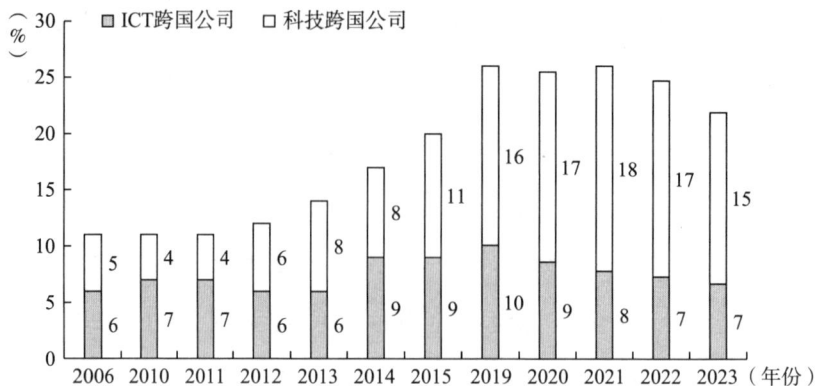

图 2 部分年份 TOP100 科技、ICT 跨国公司资产占比

资料来源：根据 UNCTAD TOP100 数据整理。

说明：缺失年份数据因 UNCTAD TOP100 未提供。

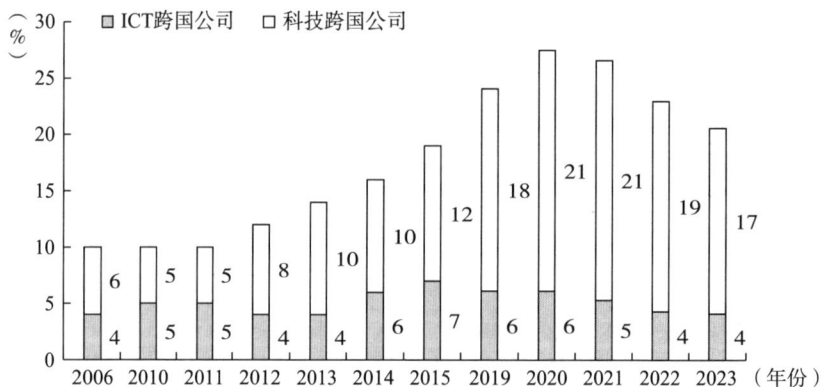

图 3 部分年份 TOP100 科技、ICT 跨国公司营业收入占比

资料来源：根据 UNCTAD TOP100 数据整理。

说明：缺失年份数据因 UNCTAD TOP100 未提供。

2. 战略资产或能力寻求型

战略资产或能力寻求型国际投资通常由跨国公司通过收购行为来开展，以加强、维持其无形资产优势和企业规模优势等所有权优势。除了绿地投资，跨境并购也是数字跨国公司境外投资的重要模式，根据 2023 年 UNCTAD《世界投资报告》，ICT 跨国公司跨境并购金额、数量位列全行业第一，2022 年为疫情后峰值，占比高达 24%。从所有权优势来看，数字内容跨国公司所拥有的商业模式优势，以及跨境电商、互联网平台等数字跨国公司所拥有的规模优势是其通过 FDI 获得东道国战略资产的竞争力。商业模式是数字跨国公司区别于传统跨国公司快速和深度国际化的基础，① 而不是数字跨国公司的技术强度、创始人国际学习或创业经历以及国内网络基础。②

数字技术和数字连接在数字跨国公司模式的基础上，对提升数字企业全球化能力发挥了重要作用。数字技术可编辑和可复制，容易进行跨边界传播与应用。数字技术具有自我迭代性，尤其是不同场景应用可以累积大数据，这推动了新场景的应用调整。数字技术还具有高度的迁移性和适应性，即能够从一个环境或平台迁移到另一个环境或平台，而且迁移后能适应环境和平台。数字连接能力使得跨境的供应商、合作伙伴和用户之间产生了网络状的关系，这使

① Jean-françois Hennart, "The Accidental Internationalists: A Theory of Born Globals." *Entrepreneurship Theory and Practice*, vol. 38, no. 1, 2014, pp. 117-135. Ricarda B. Bouncken, Miriam Muench, and Sascha Kraus, "Born Globals: Investigating the Influence of Their Business Models on Rapid Internationalization." *International Business & Economics Research Journal*, vol. 14, no. 2, 2015, pp. 247-255.

② Jean-françois Hennart, Antonio Majocchi, and Birgit Hagen, "What's So Special about Born Globals, Their Entrepreneurs or Their Business Model?" *Journal of International Business Studies*, vol. 52, no. 9, 2021, pp. 1665-1694.

各方更容易感知和预测市场机遇、风险和变化。数字跨国公司内部通过数字连接及时感受市场的变化，从而调整组织的运行，以快速决策和应对。这样的商业模式，典型体现在以 TikTok 为代表的数字内容跨国公司，以及亚马逊、Temu 等互联网平台或电子商务数字跨国公司，如亚马逊提供了将广告商和潜在买家聚集在一起的平台，在东道国市场获得数字技术和数字连接能力后，即获得战略资产而实现商业模式的复制，从而实现国际化。

3. 资源寻求型

资源寻求型国际投资主要是指通过境外投资来获取低于国内实际成本且高于国内质量的特征资源，包括矿产、技术和农产品等初级资源，也包括廉价的劳动力或者技术型劳动力，以及专业技术、组织管理和营销能力。与传统跨国企业不同，数字跨国公司需要不同类型的资源，如数字跨国公司需要便宜的能源以供其数据中心的运作，需要海量创新用户和自由工作者以支撑其生态体系的建立，需要从合作伙伴那里获取市场经验和制度等专有知识。根据 2024 年 UNCTAD《世界投资报告》公布的数据进行测算，科技跨国公司的海外资产与海外销售份额之比为 1∶1.37，而 ICT 跨国公司的该比例为 1∶0.93，表明 ICT 跨国公司不仅比科技跨国公司而且比传统跨国公司保持了更高的海外资产配置。这主要是因为 ICT 跨国企业对外投资更加依赖信息、通信、互联网、物联网、人工智能等构成数字经济底层基础构架的数字技术，数据资产、数据安全、数据产权等以及人才、创新等相关战略性资产，ICT 跨国公司在这方面的投入相较科技跨国公司更高。企业进行数字经济对外直接投资，可以借鉴东道国当地先进知识和技术，将其运用到本企业的生产运营中，以促进企业相关能力，如企业经济增长能力、高阶成长能力、获得竞争优势的动态能力以及维持持续增长的出口能力等的提升。

4. 效率寻求型

效率寻求型国际投资的动因是使资源寻求型和市场寻求型投资的现有框架更加合理，通过地理上的分散性来获利。根据 Bureau van Dijk（BvD）数据库，从数字跨国公司在亚太的空间扩张看，2011 年，单个数字跨国公司开展投资的东道国（地区）数量为 7.66 个，2022 年为 9.46 个。分部门看，不同类型数字跨国公司的东道国（地区）投资广度均有不同程度的提高。其中，ICT 跨国投资最广泛，2020 年，平均进入 15.58 个东道国（地区）。互联网平台跨国公司开展投资的东道国（地区）数量为 12.31 个、电子商务跨国公司为 7.67 个，数字内容跨国公司为 5.69 个。从 Bureau van Dijk（BvD）数据库抽样数据来看，数字跨国公司投资由早期的市场导向、战略资产导向转向效率导向，因此数字跨国公司投资也出现了新倾向，其将总部设在提供优惠税收或良好监管环境的国家，通过地理的分散性获得效率和利润。

三　中国数字企业境外投资趋势、特征和动因

本文根据联合国贸易和发展会议发布的《全球数字与 ICT 跨国公司百强名单》以及《全球数字平台百强企业名单》，采用 Bureau van Dijk（BvD）数据库中员工人数超过 10 人的企业在国外（境外）设立子公司（分公司）的数据，分析中国数字企业对外投资情况和特征。

（一）中国数字企业境外投资的阶段

1981~2023 年，中国的主要数字企业共进行了 1484 笔境外投资交易，境外投资活动展现出鲜明的阶段性特征。其中，1998 年之前的境外投资交易总量相对较少，1999~2010 年的境外投资数量相较于前期稍有增长，借鉴国外模式、利用国外资金是国内数字经济产业对接国际的最主要方式。进入 21 世纪后的前十年，数字企业的国际化主要是在周边国家进行小规模的探索性渗透，并且总体进展不太顺利。

2011~2020 年，全球投资从金融危机中复苏，数字企业跨境并购从缓慢增长进入波动增长的阶段，中国数字企业境外投资活动迎来了高速发展时期，国内主要数字企业全面加大海外投资和海外市场拓展力度。2015 年全球数字企业跨境并购达到阶段峰值，① 2018 年中国数字企业境外投资数量达到峰值，共发生了 153 笔交易，这一阶段中国腾讯和美国思科、德国思爱普等 ICT 服务、计算机程序设计类的数字跨国公司成为全球跨境并购的主力军。如腾讯多次收购全球热门竞技游戏《英雄联盟》的开发商——拳头游戏公司股份，最终实现 100% 控股，一跃成为全球电子竞技领域的佼佼者。2020 年之后，受到中美贸易摩擦、投资限制，以及欧洲国家、日本等国加大数字领域投资审查等影响，中国数字企业境外投资出现下降趋势，2022 年仅有 46 笔交易，虽然 2023 年

---

① 刘泽园、郜志雄：《数字跨国公司跨境并购：特征与趋势》，《商业经济》2024 年第 3 期。

对外投资数量增至 84 笔，但是中国数字企业境外投资的环境更加严峻（见图 4）。

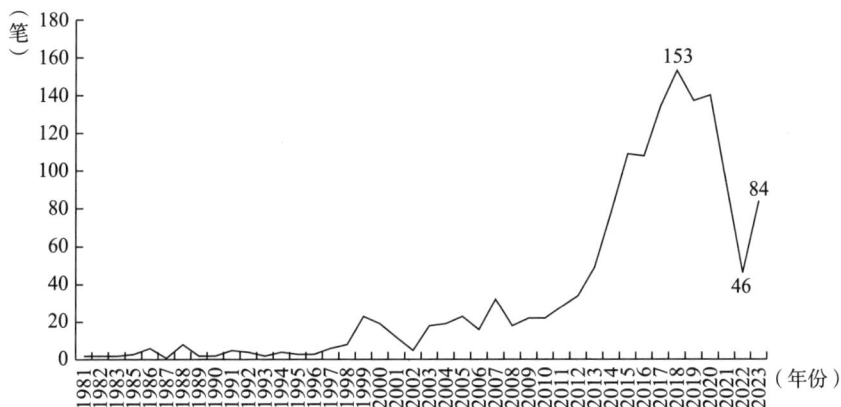

图 4　1981~2023 年中国主要数字企业对外投资交易笔数变化

说明：本图中 1984 年数据缺失，因 UNCTAD TOP100 未提供。

（二）中国数字企业境外投资的地位

从数字跨国公司的国别来看，2023 年，进入 UNCTAD 全球跨国企业 100 强（TOP100）榜单的数字跨国公司大部分来自发达国家和地区。其中，ICT 跨国公司来自日本（2 家）、德国（1 家）、英国（1 家）、西班牙（1 家）、法国（1 家）、美国（1 家），科技跨国公司来自美国（8 家）、中国（2 家）、韩国（1 家）、德国（1 家）、中国台湾（1 家）、爱尔兰（1 家）。从世界百强数字企业的资本价值分布看，美国占 72%，亚洲（主要是中国）占 25%，欧盟占 2%。从数字企业的全球子公司数量看，美国占 46%，亚洲（主要是中国）占 35%，欧盟占 18%，非洲和拉丁美洲占 1%。与传统行业国际投资格局相比，美国、德国和中国分别成为美洲、欧洲和亚洲的数字国际直接投资中心，是吸收外资和对外投资的双中心，并且在广度（以来源地和目的地数量衡量）和深度（以跨国公司分支机构和本土跨国公司境外分支机构数量衡量）上领先于其他国家和地区。中国数字企业境外投资地位的上升，主要体现了以下两个特征：一是中国拥有全球范围内强大的投资引力，数字基础设施完善，数字技术领先，数据要素丰富，数字市场规模巨大；二是数字应用场景越来越多。中国不仅在数字企业数量、数字人才储备、数字产业布局等资源上建立了比较优势，而且因人口规模大、人力资本优，形成了数量大、质量优、潜力大的数字应用市场，较早启动了数字化转型。电子商务、电动汽车等产业的生命周期已经到了大规模海外投资的阶段，国内数字产品和服务消费旺盛，数字内容创造意识强，数据要素生产速度快，数字化应用场景层出不穷，数字内容、数字服务等领域企业形成了国际化的商业模式，并逐步加速国际化进程。

（三）中国数字企业母公司所在地分布

中国主要数字企业母公司所在地主要集中在以下六个省份，分别是广东省、北京市、浙江省、上海市、湖北省、江苏省。其中，母公司在广东省与北京市的中国数字企业，在对外投资中占据主导地位，两地的对外投资分别占对外投资交易总量的 33.7% 和 33.0%，二者合计占比超过六成，凸显了两地在中国数字企业对外投资中的重要地位。此外，浙江省紧随其后，占比达 26.1%，而母公司在上海、湖北、江苏三个省份的对外投资占比相对较低，分别为 5.4%、1.2%、0.6%（见图 5）。

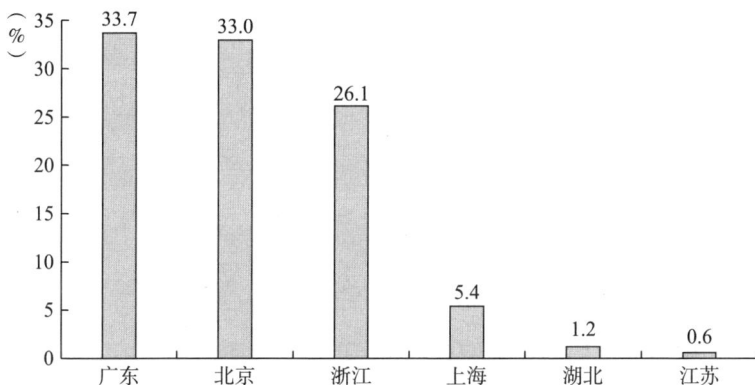

图 5　1981~2023 年中国主要数字企业母公司所在地分布累计占比

　　母公司位于广东的腾讯占中国主要数字企业境外投资交易总量的 26.6%，展现出强大的国际拓展能力。母公司位于北京的中国自动化控制系统总公司（简称 CACS）、百度及京东等企业同样不容忽视，其中 CACS 在境外投资方面表现突出，占中国主要数字企业境外投资交易总量的 11.3%。母公司位于浙江的阿里巴巴作为该地区的代表企业之一，在全球投资版图中扮演着重要角色，占中国主要数字企业境外投资交易总量的 21.2%，几乎是 CACS 占比的两倍。母公司位于上海的拼多多尽管在中国主要数字企业境外投资交易总量中仅占据 0.6% 的份额，但近年来，它在数字行业崭露头角，其境外投资战略展现出鲜明的行业聚焦性，集中在信息和通信业，占拼多多境外投资交易总量的 66.7%，体现了拼多多在对外投资上强烈的行业偏好以及对数字经济的重视（见图 6）。

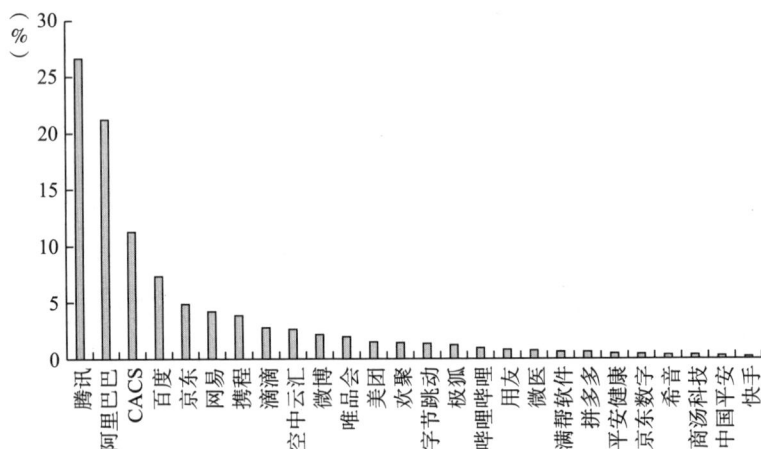

图 6　1981~2023 年中国主要数字企业对外投资交易笔数累计占比分布

（四）中国数字企业对外投资的特征和动因

1. 中国数字企业对外投资的区域和动因

中国数字企业对外投资的区域逐步扩大，如腾讯微信支付进入约 50 个国家和地区，阿里巴巴速卖通覆盖全球 200 多个国家和地区，支付宝进入超过 40 个国家和地区，拼多多 Temu 自 2022 年登陆美国市场后，现在覆盖超过 80 个国家和地区。根据样本统计情况，截至 2023 年底，中国主要数字企业海外投资项目仍多集中于发达地区。其中，对外投资项目最多的是开曼群岛，占中国主要数字企业对外投资交易总量的 29%。其次是美国市场，占比高达 25%。除了上述两地占比较高，中国香港地区占比为 9%，其他依次为印度、英国、新加坡、德国、澳大利亚、日本、韩国等国家（见图 7）。中国数字企业对外投资区域还呈现明确的阶段性特征。2000 年以前，中国主要数字企业对外投资流向集中在美国，累计投资量占对外投资交易总量的 38%，2001 年后中国主要数字企业对开曼群岛的累计投资量逐渐超越美国，且差距逐渐拉大，2023 年对开曼群岛的投资量占比高出美国 12 个百分点，但中国主要数字企业在美国的对外投资仍稳居第二位。

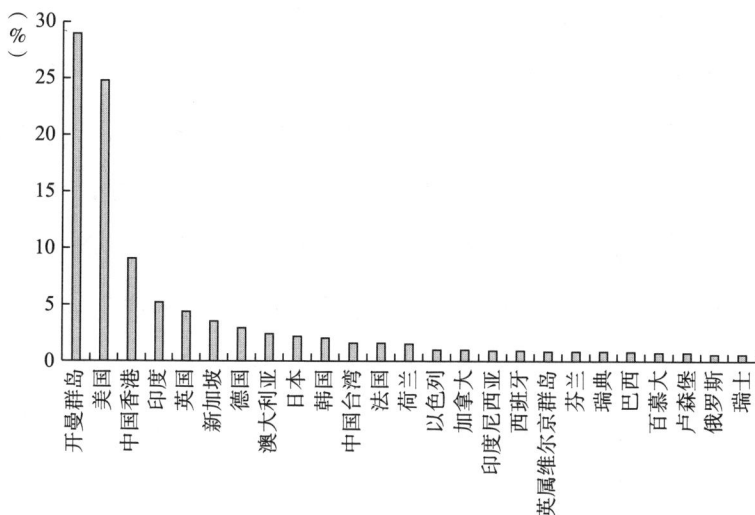

图 7　1981~2023 年中国主要数字企业对外投资目的国、地区累计占比分布

在进行对外投资的过程中，不同的国家（地区）存在明显的"区域偏好"。中国主要数字企业对外投资集中在开曼群岛、美国和中国香港三地，而美国对外投资主要流向北美自贸区内的加拿大与墨西哥，欧洲国家大幅增加了对拉美的投资，日本则扩大了在东亚和东南亚地区的投资规模。中国与其他国家（地区）数字投资偏好有很大的不同，根据中国数字企业对外投资的国别分布以及阶段性变化，早期中国数字企业对外投资以美国为主，主要是为了降低融资成本与提高融资效率，寻求来自全球的风险资本等战略资产，如百度、携程等。随着中国数字企业商业模式和独特优势的呈现，Temu、SHEIN 等数字企业在美国投资更多地从寻求资本转向寻求市场。中国在机器学习技术领域具有领先优势，专利数量累计共 6.5 万项，美国则为 5.4 万项，这显示出中国在机器学习领域独特的国际竞争力，为数字企业"走出去"提供了技术支撑。例如，字节跳动之所以能够在国际市场的短视频领域超越 Facebook，就是因为 TikTok 具有算法推荐技术的优势，TikTok 上的内容主要是根据用户画像和兴趣标签进行推荐的，能够帮助用户找到他们喜欢的内容，同时 TikTok 对每个内容都会进行单独分析和推荐，让用户获得更好的观看体验。而开曼群岛之所以成为中国数字企业海外投资的重要目的地，主要原因在于其作为全球知名的离岸金融中心，凭借低税率等一系列低贸易壁垒为数字企业提供了极具吸引力的税收优惠政策，从而促使更多企业在此设立分支机构，以享受相关优惠，更多体现为效率导向型投资。

2. 中国数字企业境外投资的领域和动因

根据 NACE 第二版行业分类标准，中国主要的数字企业对外投资主要集中在信息和通信业，该行业的投资笔数占对外投资交易总量的 60.7%，金融和保险业占 18.4%，制造业占 7.4%，批发和零售业占 5.5%，专业、科学和技术业占 3.8%，前三大行业占中国主要数字企业对外投资交易总量的 86.5%（见图 8）。

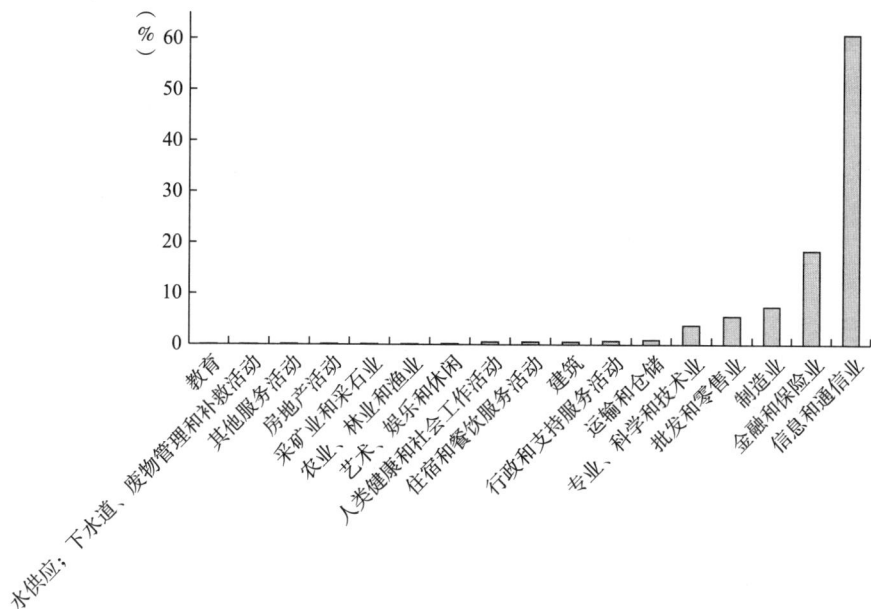

图8　1981~2023年中国主要数字企业对外投资交易的行业累计占比分布

从不同的国家（地区）来看，中国数字企业的投资导向并不相同。在第一大目的地开曼群岛，中国数字企业对外投资行业分布大规模集中于信息和通信业上，该行业占该地区投资交易总量的91.3%，金融和保险业虽然位列第二，但占比仅为3.2%，中国数字企业在开曼群岛投资呈现高度行业集中性。在第二大目的地美国，信息和通信业仍占最大比重，占该地区投资交易总量的43.6%，金融和保险业占27.6%，制造业占13.1%，批发和零售业占6.7%，专业、科学和技术业占6.4%，相对更为多元。在第三大目的地中国香港，中国主要数字企业投资行业分布相对均衡，信息和通信业与金融和保险业成为两大支柱，分别占35.7%和34.9%，批发和零售业与专业、科学和技术业均占10.3%，而制造业与人类健康和社会工作活动占比相对较小，为 4.8% 和 3.2%。中国数字企业在中国香港的投资不仅聚焦于信息和通信业的创新与应用，同时也高度重视金融服务的拓展与深化，进一步印证了企业投资行为与地区经济发展战略规划之间的紧密联系。

数字产业发展的常规路径首先是贸易数字化、产业数字化，数字化反过来又带来了新型数字技术 ICT 的出现，这推动了新产品和服务，包括从物联网等数字增强设备到社交网络等数字平台，再到区块链等全新的数字技术的发展，全球数字跨国公司的产业路径基本根据产业成熟度原则展开。中国集聚了全球主要电子商务平台，形成了开放性跨境电子商务生态系统，特别是超级电子商务平台规模经济、网络经济效应形成的贸易黏性。在货物生产环节，中国企业大量使用机器人和人工智能等数字技术以提高生产的自动化水平，替代非熟练劳动力。在运输和物流环节，人工智能、大数据被广泛运用于最佳路线规划、货物跟踪和智能仓储。数字技术也被广泛应用在货物监管和便利化领域，降低了贸易制度成本。中国大部分数字企业都不同程度地参与了跨境电子商务业务，截至 2022 年，85% 以上的数字企业在商务部备案了跨境电商资质。这些电子商务企业对外投资目前主要是根据自身的生产需要寻求当地数字资源，包括 ICT 技术、数字平台在当地存在后所需要的数据存储和处理业务的配套，由此形成相关领域的投资。而美国的数字内容企业境外投资的领域更多体现了其在数字内容方面的竞争优势，并在此基础上形成商业模式，从而实现国际化，其数字内容跨国公司的分支机构数为互联网平台、电子商务、数字解决方案企业分支机构数的 2.5~6 倍，约为 ICT 跨国公司分支机构的数量之和。

四　总结和政策启示

美国等国家（地区）数字企业境外投资的动因偏重获得市场、战略资产、资源和效率，中国数字企业境外投资更加倾向获得战略资产、市场、效率和资源。本文结合中国数字企业面临的投资限制提出四方面的建议。

（一）分散市场布局，应对美国针对"中国因素"的精准打压

中国的数字企业国际化投资偏向于美国等发达市场，但是美国针对"中国因素"的打压日益频繁，目前有集中于数字企业的趋势。并且，美国等发达国家对中国数字企业涉及金融交易、数字技术设施、信息技术和电信软件的并购限制越来越严格，并且以涉及敏感信息、储备军事或政府信息等理由对中国企业在准入后设置经营壁垒。此外，以英美带头的发达国家越来越强调意识形态的差异，渲染中国数字制度与价值理念与其不同。针对该情况，以及中国企业在美投资的高集中度，建议对中国数字企业境外投资目的地进行引导，跟随中国境外投资的整体区域布局，在 RCEP 等经贸协定、"一带一路"倡议和中欧经贸合作的基础上，进一步提升数字合作，加强数字经济领域产业链上下游的合作和延伸，使之更好地服务于区域价值链调整。通过数字企业在 RCEP、共建"一带一路"国家之间投资的深入，协调区域国际数字规则差异、平衡各国发展理念，应对在美市场投资的针对性打压。

（二）拓展《关于建立更紧密经贸关系的安排》（CEPA），提升香港作为中国数字企业境外平台的作用

2021 年，经济合作与发展组织（OECD）发布《关于应对经济数字化税收挑战"双支柱"方案的声明》，推动了全球最低税改革。目前，该规则已在数十个国家（地区）生效了，同时，英美也开始调查在开曼群岛、巴哈马等避税天堂注册的海外投资公司，这将使将开曼群岛作为境外投资首要目的地的中国数字企业面临投资风险。中国香港作为中国企业境外投资的首要目的地，却是数字企业境外投资的第三目的地，建议提升香港作为中国企业境外投资平台的作用，拓展 CEPA 中数字领域双向投资安排，如降低或取消 B11 互联网数据中心（IDC）、B12 内容分发网结（CDN）、B14 互联接入服务（ISP）、B21 在线数据处理与交易处理（EDI）、B25 信息服务中信息发布平台（ICP）和递送服务对港资企业的股权限制。

（三）探索数字投资试验区建设，为数字投资便利化协定谈判先行先试

随着中国数字企业境外投资从 ICT 向数字产品、内容跨国公司方面的拓展，其对于境外数据中心建设和跨境数据流动的需求将会增加，由于存储数字数据需要数据中心，以及在高性能服务器网络上存储、管理和处理数据，企业要么建立自己的数据存储基础设施，要么将这项服务外包。从技术上讲，跨国企业能够将其数字数据存储在世界任何地方，在没有数据本地化要求的情况下，企业倾向于将其数据存储中心设置于国内和国际电信连接质量高、能源成本相对较低、气候条件可降低冷却成本的地方，但是随着各国对外国投资者数据本地化的要求越来越凸显，数据本地化要求通常会给企业带来额外的成本。并且，东道国还常对在本地存储的外资数据的跨境流动设置限制或提出禁止要求。由于各国政府管理数据跨境流动的标准不同，这又进一步增加了跨境数据流动的管理成本和流程的复杂度，因此跨国公司越来越依赖于跨境数据流动相对自由的区域。鉴于该趋势，本文提出数字投资试验区的构想：一是数字投资试验区按照自贸区投资负面清单要求，清单外领域不对境内外数字企业开展市场经营设置任何资格要求；二是数字投资试验区可以允许区内尝试不同的数据隐私安排，如对美投资的企业可以参用美国跨境数据流动的管理要求，对欧投资的企业可以采用欧盟数据跨境流动的标准，该试验性安排将有助于更好地研究欧美数据跨境流动的规则和标准，为数据跨境流动协定谈判探索更多的案例、标准和规则。

（四）开展数据隐私设计，提高数据"走出去"合规的技术标准

根据妙盈评级，中国数字企业客户隐私管理和数据安全管理指标的披露率只有 20%。2021 年，中国接连通过《数据安全法》和《个人信息保护法》，涉及境外信息转移的相关内容。《网络安全审查办法》《促进和规范数据跨境流动规定》要求拥有超过 100 万用户个人信息的网络平台运营者赴国外上市时须向网络安全审查办公室申报。中国的《个人信息保护法》通常被与欧盟的《通用数据保护条例》（GDPR）比较，中国的《个人信息保护法》在隐私保护的多个层面均有涉及，但相比之下，欧盟的 GDPR 额外包含了"隐

私纳入设计"（privacy by design）。隐私纳入设计指的是在产品开发和系统设计阶段即考虑到隐私保护因素，让隐私保护贯穿产品和服务提供的全过程。因此，中国数字企业境外投资时需要关注隐私纳入设计要求，尤其是要出具企业个人信息出境标准的指导和指引。

超大城市社会治理

上海市构建覆盖全民全生命周期的社会福利体系研究

上海研究院"构建覆盖全民全生命周期的
社会福利体系研究"课题组*

摘　要：上海市全民全生命周期社会福利体系建设取得了显著进展，但依然存在一些问题：优质教育、医疗资源布局不均衡；高等教育、职业教育与城市发展要求存在差距；要素分配结构仍需进一步优化；养老服务供给总体不足，适老化改造需求旺盛；低收入人群瞄准精确度、动态监测、救助资源统筹有待加强等。需进一步健全婴幼儿发展政策，建设高质量教育体系，促进就业和完善收入分配制度，健全全民医保制度和优

---

* 课题组成员：林宝，中国社会科学院人口与劳动经济研究所研究员；王美艳，中国社会科学院人口与劳动经济研究所研究员；杨舸，中国社会科学院人口与劳动经济研究所副研究员；张立龙，首都经济贸易大学副教授；夏翠翠，中国社会科学院人口与劳动经济研究所助理研究员；封永刚，中国社会科学院人口与劳动经济研究所助理研究员；许娜，中国社会科学院大学博士生；朱金鸣，中国社会科学院大学博士生。

化医疗资源配置，完善养老服务和保障体系，多途径满足住房需求，健全分层分类社会救助体系。

关键词： 全民　全生命周期　社会福利体系

党的十九大报告指出，"必须多谋民生之利、多解民生之忧，在发展中补齐民生短板、促进社会公平正义，在幼有所育、学有所教、劳有所得、病有所医、老有所养、住有所居、弱有所扶上不断取得新进展"。党的二十大报告指出，党的十八大召开十年来，"我们深入贯彻以人民为中心的发展思想，在幼有所育、学有所教、劳有所得、病有所医、老有所养、住有所居、弱有所扶上持续用力，人民生活全方位改善"。这表明"七有"已经成为社会福利体系建设的重要目标。《上海市国民经济和社会发展第十四个五年规划和二〇三五年远景目标纲要》提出，到2035年"基本实现幼有善育、学有优教、劳有厚得、病有良医、老有颐养、住有宜居、弱有众扶"，这是在全国总目标基础上的进一步提升。仔细分析这"七有"的内容，实际上是要构建覆盖全民全生命周期的社会福利体系。

一　上海市社会福利体系建设的主要进展

在"幼有善育"方面，上海市一是完善了母婴卫生保健政策，主要包括：加强妇幼卫生资源配置，提高医疗卫生服务能力；母婴健康向全生命周期健康管理扩展；加强母婴健康服务网络化、标准化和规范化建设。二是完善家庭发展支持政策，主要包括：帮助职业父母兼顾育儿与工作；加强对家庭教育的权威指导；对家庭育儿的经济补贴等。三是学前教育与托育服务政策，主要包括：立法先行，出台《上海市学前教育与托育服务条例》，加强婴幼儿托育服务，大力发展学前教育服务等。四是完善社会救助和儿童福利政策，主要包括：不断提高困境儿童补贴标准和救助水平，不断拓宽救助、扶持儿童群体的覆盖面，构建和完善困境儿童救助机制和关爱网络等。

在"学有优教"方面，一是上海市基本公共教育服务均等化水平明显提高，教育质量显著提升。各级各类教育实现全面普及，建立广覆盖、保基本、有质量的学前教育公共服务体系，义务教育优质均衡发展格局基本形成。二是育人机制逐渐完善，专业布局合理、特色鲜明的现代职业教育体系基本成形。上海市制定了《上海职业教育高质量发展行动计划（2019—2022年）》。2023年，全市共有普通中等职业学校全日制在校生9.44万人。三是高等教育结构更加优化，规模保持适度增长。对接上海"五个中心"、五个新城、"三大任务、一大平台"、"3+6"新型产业体系、人才高地等建设新要求，高校和学科的基础性布局进一步优化。

在"劳有厚得"方面，一方面，上海市就业和创业推进工作取得明显成效。2016~2023年，上海年度新增就业岗位由59.93万个上升至60.56万个，相应的新安置就业困难人数由10786人上升至66686人，帮助长期失业青年实现就业创业人数由8802人上升至12314人。另一方面，收入分配格局持续优化。一是居民收入快速增长，基尼系数稳定在合理水平。《上海社会发展报告（2022）》的数据显示，近年上海的居民家庭收入基尼系数稳定在0.25左右。二是劳动收入份额持续上升，上海劳动报酬份额在2004年跨过

33.61%的最低点，2020 年上升至 47.53%。三是城乡收入差距趋于缩小，"十三五"时期上海的城镇和农村居民家庭人均可支配收入的比值由 2.26 下降至 2.19；"十四五"时期的 2021~2022 年，该比值进一步下降至 2.12。

在"病有良医"方面，上海市取得的主要进展如下。在医保基金运行方面，2024 年职工医保统筹基金最高支付限额提高到 63 万元，退休人员和在职人员住院报销比例分别达到了 92%和 85%，城乡居民医保 60 周岁及以上人员和 60 周岁以下人员住院报销比例最高分别可达到 85%和 75%。居民大病保险再报销比例提高到 60%，低收入家庭可报销 65%。在跨省结算方面，自 2017 年 7 月起，按照国家统一部署，上海推进实施跨省异地就医住院费用直接结算工作，实现定点医疗机构跨省异地住院费用直接结算全覆盖。在医保支付方式改革方面，2022 年，市医疗保障局、市财政局及市卫生健康委制定了《上海市 DRG/DIP 支付方式改革三年行动计划实施方案（2022—2024 年）》，推动医保支付方式改革从局部走向全面，实现医疗机构、付费病种和医保基金三个方面全面覆盖。在长期护理保险方面，上海市自 2017 年起在徐汇、普陀、金山三个区先行试点长期护理保险，2018 年起在全市推开并持续深化，2021 年上海市人民政府印发《上海市长期护理保险试点办法》，制度进一步完善。

在"老有颐养"方面，上海市一是积极推动养老服务和养老保障的制度和模式创新，引领作用明显。上海市在养老服务体系建设方面一直处于全国引领地位。例如，率先提出"9073 养老服务格局"目标、构建"五位一体"社会养老服务体系、打造社区嵌入式养老服务模式、实施普惠性的老年综合津贴制度和养老顾问制度、构建"15 分钟养老服务圈""5 分钟社区生活圈"等,创新推进个人税收递延型商业养老保险、长期护理保险、住房反向抵押养老保险、商业健康保险个人所得税政策试点等。二是建立多层次养老保障体系,保障水平不断提高。根据 2023 年上海市老年人口和老龄事业监测统计信息,全市 60 岁及以上老年人中领取城镇职工基本养老保险的人数为 467.36 万人,占老年人口的 82.3%,平均养老金为 5470 元,比上年上涨 209 元。三是养老服务供给能力增强,养老服务体系日趋完善。一方面,持续增加养老服务供给,丰富超大型城市养老服务发展模式;另一方面,强化对失能和认知障碍老年人的服务。

在"住有宜居"方面,上海市一是建立"四位一体"租购并举住房保障体系。为保障住有所居,上海市形成了保障类租赁住房、保障类产权住房、市场类租赁住房、市场类产权住房"四位一体"的租购并举住房制度体系。二是发展保障性租赁住房,完善相关配套支持政策。2021 年,上海市人民政府办公厅印发《关于加快发展本市保障性租赁住房的实施意见》,提出着力扩大保障性租赁住房建设筹措和供应规模,从供给端发力促进房地产市场健康平稳发展。三是服务人才引领发展战略,人才住房保障力度加大。《上海市住房发展"十四五"规划》提到,要精准服务重点保障人群,聚焦本市户籍人口中的住房困难群众,特别是中低收入住房困难家庭,以及在本市稳定就业的非沪籍常住人口,尤其是新市民、青年人、各类人才,以及保障城市运行的基本公共服务人员。四是建立健全农村低收入家庭住房安全保障长效机制。五是加快旧区改造,改善居住环境和条件。

在"弱有众扶"方面，上海市一是加强社会救助立法，出台《上海市社会救助条例》。《上海市社会救助条例》把低收入困难家庭和支出型贫困家庭纳入社会救助范围，使社会救助的"安全网"更加周全，对上海分层分类的社会救助体系建设做出了具体的规定和部署。二是加强资金监管，提高治理水平。2018 年 9 月，上海市民政局、上海市财政局印发《上海市社会救助资金管理办法》，旨在规范社会救助资金管理，提高资金使用效益。2023 年 11 月，两部门又印发了新的管理办法。三是规范低保审核流程。2019 年 3 月，上海市民政局发布《上海市城乡居民最低生活保障申请家庭经济状况核对实施细则》。四是实现低保标准城乡统一，且在全国处于最高水平。五是加强临时救助和特困供养工作。

二　上海市社会福利体系建设存在的主要问题

在实现"幼有善育"方面，一是职场妈妈的工作、家庭难平衡，存在产假、育儿假落实难的问题。二是托幼服务的供给与需求不匹配，公办幼儿园所办的托班出现托位难求的现象，民办托育市场竞争异常激烈，大部分托育机构处于亏损运营状况。三是外来人口接受普惠学前教育受到限制。外来人口进入公立幼儿园存在一定的门槛，外来人口占比较高的郊区恰恰是公办幼儿园资源较为紧缺的地区，外省市户籍幼儿进入公办或普惠幼儿园的难度较大。四是养育成本的"降维"难。上海市生活水平高、房价高、子女教育投资大等导致降低直接成本难；女性受教育程度高、工资水平高导致养育子女的机会成本也较高。五是城市建设的儿童友好环境构建难，构建儿童友好环境是系统工程，历史欠账较多，短期难以弥补。

在实现"学有优教"方面，一是优质教育资源配置不够均衡，结构性矛盾较为突出。部分新城和人口流入区教育资源无法适应区域常住人口变化要求，新城和人口流入区的教育资源配置矛盾较为突出，优质教育资源过度集中在中心城区。二是职业教育与经济社会发展产业升级和城市发展要求之间还有较大差距。职业教育体系尚待健全完善，人才培养供给侧和产业需求侧在规模、结构、质量、水平上还不能完全适应，"两张皮"问题仍然存在。三是高等教育与上海城市发展目标的契合度有待提高。高等教育人才培养的能力水平尚不能有效满足"五个中心"建设的需要。

在实现"劳有厚得"方面，一是面临人口老龄化对上海高质量就业的挑战，人力资本水平难以适应城市快速发展要求，经济下行压力加大对就业形势的挑战加强。二是收入要素分配结构仍需进一步优化，在初次分配过程中，上海劳动者所获得的报酬份额低于全国水平；城乡、行业收入差距等问题较为突出。上海的城乡收入虽呈现差距缩小的变化趋势，但收入的绝对差额仍然较大。上海的行业收入差距呈现逐步扩大的变化趋势。

在实现"病有良医"方面，一是医疗资源尤其是优质医疗资源布局不均衡。根据上海市卫生健康委数据，截至 2024 年 5 月，上海共有三级医疗机构 57 家，这些医院近 2/3 集中在中心城区。二是分级诊疗格局尚未形成，影响医疗资源利用效率。三级医院人满为患，社区卫生服务中心门可罗雀，基层医疗机构未得到充分利用。三是商业医疗保险发展空间相对受限，作用未得到充分发挥。上海市商业医保主要面临市场规模小、发展进程缓慢等问题。2021 年，上海上线了"沪惠保"这一官方定制型商业补充医疗保险，并得到了较好的发展，但整体上商业医疗保险发展不足的状况并未真正改变。

在实现"老有颐养"方面，一是养老服务供给总体不足，各区发展水平不均衡。养老服务供给增量与老年人口增速不匹配，同时各区发展不均衡，表现为中心城区优质养老机构"一床难求"，城郊乡村养老机构空置率较高，社区养老综合发展水平总体上呈现由中心城区向远郊区逐渐降低的现象。二是社区养老服务发展滞后。社区照护中心的床位数量不足且周转率过低，服务人员缺乏。三是社区嵌入式养老发展面临诸多障碍。养老设施入驻社区遭遇"邻避效应"；收费标准模糊，价格机制还未理顺；设施建设和服务质量监测标准与嵌入式机构不匹配。四是跨区域养老合作有待进一步推进。整个养老产业联动不足，缺乏统一标准和协调机制。

在实现"住有宜居"方面，一是新市民、青年人住房困难，保障性租赁住房不足。上海市房价整体水平较高，导致新市民、青年人买房困难，难以在上海安家。保障性租赁住房不仅在"量"的方面相对滞后，在"结构"方面也存在区域分布不均的问题，新城所在区尤为短缺。二是人口老龄化突出，适老化改造需求旺盛。2023 年，上海完成适老化改造 7715 户，主要集中在困难老年家庭。对比上海市 65 岁及以上老年人口数量（438 万），当前的适老化改造依然处于起步阶段，尚有较大空间。三是住房空间布局有待提高。要实现新城人口集聚目标，需要在新城住有所居和住有宜居方面加强建设，补齐短板。目前，新城所在区存在常住外来人口、新市民和青年人占比较高，保障性住房占比低，居住配套相对较差等问题。

在实现"弱有众扶"方面，一是低保对象瞄准精度有待提高。有研究表明，中国城市低保被救助对象的瞄准精度较低。① 二是救助资源之间的统筹有待加强。救助资源在不同社会救助项目之间统筹不足，基本生活救助、专项社会救助和急难社会救助项目的救助对象及救助内容交叉重叠，不同类型困难群众获得的救助资源不均衡。三是低收入人口的动态监测有待加强。居民收入的构成比较复杂，具有难以监测的特点。同时，一些对象为获得保障，存在不真实报告收入的动机，这也增加了监测的难度。

三　关于上海市构建覆盖全民全生命周期的社会福利体系的建议

（一）进一步健全婴幼儿发展政策，实现"幼有善育"

一是进一步加强健康支持。首先，加强婴幼儿医疗卫生服务能力建设。构建市、区、街道等多层次的婴幼儿医疗服务网络，合理规划郊区新城的儿童医院和综合医院儿科的布局，重点开展"社区儿科门诊"建设。其次，加强婴幼儿保健管理和养育指导。依托专

---

① 曹艳春：《我国城市"低保"制度的靶向精准度实证研究》，《中央财经大学学报》2016 年第 7 期。

业机构对婴幼儿常见健康风险开展有效监测和干预。最后，强化婴幼儿重大疾病防治和救助。开展专项婴幼儿重疾筛查计划，建立婴幼儿重疾困难家庭信息管理和帮扶平台。

二是进一步加强家庭支持。建立灵活多样的育儿补贴政策，建立多样化婴幼儿照料税收奖励机制，设立家庭支持奖励基金；针对低收入家庭，提供育儿补贴现金补贴方案，提供免费婴幼儿食物和托育或学前教育服务。制定向育儿家庭倾斜的资源分配机制。以公租房、保障性住房为抓手解决多子女家庭的城市住房问题，不分户籍优先解决多子女家庭的住房问题；支持地方政府发放儿童消费券、托育消费券等，精准降低养育成本。

三是加强服务支持。首先，继续增加普惠托育的供给总量，提升服务质量。运用土地、住房、税收等支持补贴政策，鼓励有条件的企业、单位、园区开办托育服务，加快普惠性托育服务覆盖。其次，坚持学前教育的普惠覆盖与质量提升并行。完善普惠性学前教育成本分担机制，建立科学、动态、差异化的幼儿园运营成本测算，确定政府与家庭分担比例；健全幼儿园保教质量监测体系，提升学前教育师资专业化程度。

四是加强环境支持。首先，活跃幼儿文化产品市场，提供更多公益性文化服务。鼓励公共文化单位开展公益性亲子活动。其次，加强和规范婴幼儿食品和用品的生产、流通和销售。加强互联网平台和店铺的资质审查和产品抽查，健全婴幼儿食品、用品抽检和公示机制。最后，继续推动儿童友好社区、街区的建设。推动公共空间的适童化改造，推进婴幼儿活动场所无障碍建设和改造，健全儿童友好社区和儿童友好街区的评选机制。

（二）建设高质量教育体系，实现"学有优教"

一是在基础教育方面，提升学前教育保教质量，推进义务教育优质均衡发展。巩固幼小衔接成果，深化幼儿园与小学教育双向衔接，杜绝幼儿园"小学化"倾向。在资源和经费投入上更加注重人的发展和教育质量的提高，适当提高生均经费，完善基础教育质量评估机制和激励机制；完善教育资源动态调整机制，推进优秀教育人才流动，促进基本公共教育服务均等化，推动义务教育城乡一体、优质均衡。

二是在职业教育方面，要根据上海经济社会发展和产业紧缺人才发展需求，不断深化产教融合、校企合作，调整优化专业布局，提升办学质量。一方面，要继续深化产教融合。职业学校与专业设置要充分对接三大先导产业（集成电路、生物医药、人工智能）与六大产业集群（电子信息、生命健康、汽车、高端装备、先进材料、时尚消费品）；技术技能人才培养的规格、规模要紧密对接产业需求；要服务五个新城与上海产教融合型试点城市建设，全面提升人才培养能级。另一方面，要继续加强校企合作。推动职业学校积极与优质企业开展双边多边技术协作，共建技术技能创新平台、专业化技术转移机构和大学科技园、科技企业孵化器、众创空间，服务地方中小微企业技术升级和产品研发。

三是在高等教育方面，上海高等教育要继续对接和适应上海"五个中心"、五个新城、"三大任务、一大平台"、"3+6"新型产业体系、人才高地等建设新要求。一要深入推进高校学科专业结构优化调整，大力加强高校学科的基础性布局。构建基础学科、应用学科、交叉学科、冷门学科分类发展机制，突出急需、特色、冷门学科建设。二要对接上海高水平人才高地建设要求，强化具有国际竞争力和创新潜力的一流研究生发现与培养机制建设。三要支持高校不断建设完善创新体系并提升原始创新能力，积极承接上海科创中心各项重点任务。

（三）促进就业和完善收入分配，实现"劳有厚得"

一方面，深入实施就业优先战略，推进高质量就业。一是推行积极应对人口老龄化的就业政策。要以全要素生产率增长抵消劳动供给减少给上海经济增长带来的冲击，通过将上海经济增速稳定在合理水平，为稳定就业提供可靠的市场主体。二是要进一步提升人力资本水平，缓解结构性失业问题。在提升人力资本水平、改善高校学科设置、更新劳动技能方面，要继续发展高等教育，提升高等教育人口比重，以人力资本红利取代人口红利，在劳动年龄人口减少的趋势中，持续为稳定就业贡献力量。三是加强稳就业政策的实施，加大就业扶持力度。加大普惠型小微企业贷款投放力度，落实企业安置重点群体就业税收优惠政策，多渠道降低企业用工成本，拓展企业融资途径，稳定就业岗位。加强对高校应届毕业生、大龄或长期失业人员、零就业家庭成员、低收入困难家庭成员、农民工等重点就业群体的帮扶力度。

另一方面，优化收入分配格局，缩小收入差距。一是完善要素分配体系，提升劳动收入份额。健全劳动、土地、资本和技术要素市场，科学评价各要素的市场贡献，并按照贡献的份额合理分配报酬。继续提升人力资本水平，畅通社会流动通道，让低收入群体能够通过接受教育，改善人力资本状况，提高自身收入水平。二是进一步缩小城乡收入差距，合理缩小行业收入差距。缩小上海城乡收入差距的关键是利用新技术变革和经营方式转变提升农村居民的经营性收入。合理缩小行业收入差距的关键在于建立劳动、资金、技术、信息等要素流通的统一市场。三是通过加强财政统筹和税收调节，促进再分配、第三次分配与初次分配的协调发展。

（四）健全全民医保制度和优化医疗资源配置，实现"病有良医"

一是推动公平、安全、智慧医保建设，健全全民医保制度。在公平医保方面，应进一步做实全民参保计划，进一步丰富参保缴费便民渠道，减少重复参保、漏保、断保等现象；健全职工医保"门诊共济保障机制"，积极落实"医保待遇清单制度"，针对重特大疾病患病群体及贫困人口，建立"防范和化解因病致贫返贫长效机制"。在安全医保方面，要强化基金安全，建立医保基金监督检查制度；加强数据安全；积极引导合理诊疗，促进有序就医，严控不合理医疗收费的发生。在智慧医保方面，要加强信息基础设施建设，全面提升医疗保障全流程数字化水平，推进医保数据互联共享。

二是优化医疗资源配置，提高医疗服务资源利用效率。一方面，促进区域医疗资源均等化，提高医疗服务可及性。要通过引入三级医院优质医疗资源和直接提升区域医疗中心等级，提高郊区居民医疗服务可及性，促进全市医疗资源均等化。全面推进上海市全区"15 分钟医疗卫生服务圈"，"兜"住市民生命周期健康的底，无论是在市区还是在远郊，使市民都能得到优质、高效、方便、价廉的卫生健康服务。另一方面，建立各层级医疗机构分工协作机制，提高医疗资源利用率。完善社区卫生服务功能，以维护社区居民健康为中心，提供基本公共卫生服务和常见多发病、慢性病的基本诊疗服务。采取改善服务能力、降低每次服务收费标准、提高报销比例等综合措施，引导一般疾病的诊疗下沉到基层社区卫生服务中心，切实实现社区首诊、分级医疗。

三是鼓励商业医疗保险发展，完善多层次医疗保障体系。城市定制型商业医疗保险的快速发展，表明商业健康险有很好的发展前景。要更加注重发挥商业医疗保险作用，引导商业保险机构创新完善保障内容，积极挖掘市场需求，开展产品和服务创新，在医疗、疾病、康复、照护、生育等多领域开发产品和服务，使商业医疗保险成为构建全民医保制度和建设多层次医疗保险体系的重要一环。对于商业保险机构开发的具有普惠性的产品和服务，应在数据共享、政策方面给予大力支持。

（五）完善养老服务和保障体系，实现"老有颐养"

一是增加养老服务的精准性、针对性，增加养老服务的有效供给。要在准确了解不同老年群体不同需求的基础上，制定服务策略和方案，为目标群体提供精准化、个性化、针对性的服务，从供给侧方面提高养老服务的质量，增加服务的有效供给，实则也是对养老资源的合理配置、避免浪费。

二是健全养老保障体系，提高老年人的消费能力。继续推动多层次养老保障体系建设，提高低收入老年人的养老保障水平。随着社会经济发展水平的提高，要继续加大对老年人收入和支出的保障力度，建立科学的养老金动态调整机制，按照分类调整思路，缩小不同人群之间的养老金差异，确保养老金成为参保老年人的重要收入保障。加强兜底保障，合理确定高龄津贴、养老服务津贴等的对象和标准，提高老年人的消费能力。

三是继续推动社区嵌入式养老服务发展。一方面，进一步细化完善与社区嵌入式养老机构相适应的制度规范，推动支持政策有效落地，理顺价格机制，鼓励社会资源进入，提供市场化服务，推进公建民营、民建公助的养老服务设施建设模式；另一方面，引导慈善和志愿力量参与养老服务。

四是积极推进长三角区域养老服务一体化。加强长三角地区各省市的统筹协同，建立长三角基本养老信息互认互通机制，实现养老、医疗、长期护理等社会保障待遇的异地领取和享受，使政府财政补贴跨越区域界线，实现"钱随人走"，让老年人可以在长三角范围内自由选择养老地，福利待遇享受无障碍，便捷程度不受影响。

（六）多途径满足住房需求，实现"住有宜居"

一是加强保障性租赁住房建设。一方面，扩大保障性租赁住房建设规模，做好多渠道的"开源"工作。有序扩大保障性租赁住房的建设规模，在规划上给予更高的用地供应比例，并完善相关土地支持政策。充分利用各类闲置的居住及非居住住房用于建设保障性租赁住房。另一方面，摸底重点人群需求结构，建设精准化的多层次保障性租赁住房体系。依据不同年龄、收入和家庭规模群体的多样化需求，实现保障性租赁住房的多层次、精准化供应。

二是完善住房的空间布局。按各区人口结构、人口聚集度和产业结构，优化住房空间布局，实现产城融合和职住平衡。保障性租赁住房应向五个新城倾斜，依照当前对五个新城人口集聚的规划和节点城市定位，摸清新城的各类群体需求，加强保障性租赁住房的建设和改建，完善与新城人口结构、家庭结构相匹配的保障性租赁住房体系。

三是继续加强旧区改造，改善居住环境和条件。加强对老旧小区的改造，推动多层住宅电梯安装的有序进行。改善农村自建房的居住环境，加强其公共配套设施建设。加强公共空间的适老化改造。

四是推动房屋数字化管理能力建设，提高住房系统的现代化治理水平。推动在房屋行政管理、社区建设、租赁服务等方面的数字化转型，完善各类房屋管理系统平台，提高管理效率和办事效率，完善"一网通办"系统。

（七）健全分层分类社会救助体系，实现"弱有众扶"

一是进一步提高低保的瞄准效率。一方面，完善资格审核程序，严格执行政策；另一方面，为了提高社会救助制度的治理、监测与评估水平，应保证从事社会救助工作的人力充足，同时加强对基层的监督，保证申诉渠道畅通。与此同时，要加强对社会救助工作人员的业务培训，提高其业务素质和服务能力。

二是加强低收入人口动态监测。要更加科学地界定低收入人口的范围，规范完善低收入人口认定程序，加快完善低收入人口动态监测信息平台，健全完善监测预警机制，切实织密兜牢困难群众基本生活保障网。在确保数据安全可控的基础上，加强民政部门与其他相关部门的数据共享和对接，实现数据共享机制常态化，定期开展信息比对。大力协调各部门，统筹整合救助资源，做好低收入人口主动发现、动态监测、综合救助帮扶等工作，确保低收入人口能及时获得相应的社会救助。

三是加强统筹协调，完善不同类型社会救助制度之间的衔接。要避免社会救助资源集中在少数人身上的"聚集效应"，要科学确定各类社会救助的资格条件，避免以一种资格认定简单作为其他救助对象确定方法的做法。还要避免低保对象和边缘群体之间的"悬崖效应"，要完善两类群体之间的过渡机制，包括低保群体的退出机制和边缘群体进入低保的机制。

上海市绿色低碳消费
促进高质量发展研究

朱　迪　高文珺　崔　岩　龚　顺　黄燕华[*]

摘　要： 本文从上海居民绿色低碳消费素养分析、上海社区层面的居民绿色低碳消费分析、上海居民餐饮消费与浪费行为分析三个主要方面，对上海绿色低碳消费在促进高质量发展中的作用进行了综合研究。在绿色低碳消费素养方面，研究发现低碳活动的普及和低碳信息获取渠道的多样化为人们形成低碳素养奠定了社会环境基础，但低碳信息在上海居民中的普及有待进一步推进。在低碳价值观素养方面，当前上海居民整体拥有一定程度的低碳价值观素养，但在生态危机观、生态责任观、生态优先观、科技生态观方面的认识水平均略低于全国整体水平。本文还利用调查数据和案例对上海社区层面的居民绿

---

[*] 朱迪，中国社会科学院社会学研究所研究员；高文珺，中国社会科学院社会学研究所副研究员；崔岩，中国社会科学院社会学研究所副研究员；龚顺，中国社会科学院社会学研究所副研究员；黄燕华，中国社会科学院社会学研究所助理研究员。

色低碳消费进行了分析。一方面，通过与北京调查数据对比，考察了上海社区层面的居民绿色低碳消费情况；另一方面，基于与北京、厦门、成都等城市比较的视角，对上海社区的绿色低碳消费项目进行了案例分析。从数据来看，上海城市社区推广绿色节约生活方式的活动开展情况较好，居民参与垃圾分类和绿色节约相关活动的比例较高。就垃圾分类执行情况来看，上海市执行情况好于其他城市，但社区具有垃圾分类或旧物回收设施的比例低于全国水平，社区基础设施绿色化程度不足，绿色社区创建依然任重道远。在上海居民餐饮消费与浪费行为分析中，针对不同场景下的餐饮浪费行为的分析发现，受教育程度越高的居民越可能经常打包剩菜，而公务接待中的剩菜打包频率较低。最后，本文利用"双重结构"理论框架对食物浪费原因进行了分析，认为物质供给因素是旅游度假时与家人外出吃饭食物浪费的主要原因，而文化习俗因素是公务接待/宴请中产生食物浪费的主要原因。基于研究分析，本文对推动上海绿色低碳消费、促进高质量发展提出了对策建议。

关键词：绿色低碳消费　可持续发展　消费素养　绿色社区建设

一　研究背景与研究内容

高质量发展是全面建设社会主义现代化国家的首要任务。党的二十大报告指出："推动经济社会发展绿色化、低碳化是实现高质量发展的关键环节。"① 这是基于中国式现代化本质要求以及加快发展方式绿色转型作出的重大判断和战略部署。在生态文明发展的实践中，我国逐步认识到可持续发展不仅同生产领域的节能减排、资源循环、生态保护有关，同时，消费和消费者对于可持续发展也有重要作用。推动绿色低碳消费是我国探索可持续发展和生态文明建设的重要路径，我国绿色低碳消费的发展战略已从"消费模式"的改变逐步向购买、使用、处置全生命周期更加深度的"生活方式"引导转变。

在我国低碳消费的发展历程中，上海市作为首个推行垃圾分类的城市，在长时间的基层探索与顶层设计磨合中形成了大量可供参考的低碳治理经验以及案例。上海承诺在 2025 年前实现碳达峰，并认为城市化率是影响上海市碳排放最重要的因素。可见，城市高质量发展与低碳消费的发展密切相关。同时，上海市也将低碳治理当作城市发展规划的重要一环。2021 年，上海市制定了《上海市生态环境保护"十四五"规划》（以下简称《规划》），② 明确将"全面推进绿色高质量发展，提前实现碳排放达峰"作为主要任务。在具体路径上，《规划》强调了绿色低碳生活的重要意义，指出从绿色低碳建筑、绿色产品消费、绿色生活创建和宁静生活环境四方面

---

① 习近平：《高举中国特色社会主义伟大旗帜 为全面建设社会主义现代化国家而团结奋斗——在中国共产党第二十次全国代表大会上的报告》，人民出版社，2023。

② 上海市人民政府：《上海市生态环境保护"十四五"规划》，https://www.shanghai.gov.cn/nw12344/20210818/fc1556f37984428a856b523aba5b6f21.html，2021 年 8 月 12 日。

助推城市发展。在随后发布的《上海市关于加快建立健全绿色低碳
循环发展经济体系的实施方案》①　中，上海进一步提出要健全绿色
低碳循环发展的消费体系，推进绿色社区创建。2022 年，上海市人
民政府印发了《上海市碳达峰实施方案》②，重申了 2030 年前实现
碳达峰的总目标，并将促进"绿色低碳全民行动"作为重点任务之
一。一系列政策文件显示了上海已充分认识到绿色低碳消费对于城
市高质量发展的关键作用。2023 年以来，上海市出台了《上海市
2023 年碳达峰碳中和及节能减排重点工作安排》③，将积极倡导绿
色低碳全民参与作为一项重要任务推进落实。相对应的，上海市教
委也印发了《上海市绿色低碳发展国民教育体系建设实施方案》④，
将绿色低碳教育正式纳入上海市国民教育体系，提出"到 2030 年，
实现学生绿色低碳生活方式及行为习惯的系统养成与发展，形成较
为完善的多层次绿色低碳理念育人体系并贯通青少年成长全过程"
的主要目标。

---

① 上海市人民政府：《上海市关于加快建立健全绿色低碳循环发展经济
　体系的实施方案》，https://www. shanghai. gov. cn/nw12344/20211021/
　bb02574688eb469aaa8a3b2e6a6cc5eb. html，2021 年 9 月 29 日。

② 上海市人民政府：《上海市碳达峰实施方案》，https://www. shanghai.
　gov. cn/nw12344/20220728/75468067a4a848139d2a2eed16ce9e11. html，
　2022 年 7 月 14 日。

③ 上海市发展和改革委员会：《上海市 2023 年碳达峰碳中和及节能减排
　重点工作安排》，https://fgw. sh. gov. cn/fgw_zyjyhhjbh/20230424/99d75
　ca4c8904264b695c07d188173d3. html，2023 年 4 月 23 日。

④ 上海市教育委员会：《上海市绿色低碳发展国民教育体系建设实施方
　案》，https://www. shanghai. gov. cn/gwk/search/content/93d5c91217ac
　473d843b6afaf224ee24，2023 年 2 月 7 日。

本文利用实证数据分析上海居民的绿色低碳消费态度和行为，旨在通过年度调查数据监测居民绿色低碳消费的发展趋势及存在问题，为进一步推动居民形成绿色低碳生活方式、助力"双碳"目标达成、实现高质量发展提出对策建议。实证分析将通过上海、北京比较，以及上海、北京与全国的对比，分析上海在实现绿色低碳消费与高质量发展方面的优势与短板。

本文使用的定量数据主要来自"2023 年中国城市低碳消费调查"。该调查覆盖全国六大地理区划，包括 4 个直辖市、5 个计划单列市、27 个省会（自治区首府）城市以及 4 个二／三线城市，共包括 40 个样本城市，并根据第七次全国人口普查数据进行抽样设计，确保样本能够代表全国大中城市居民，共获得有效样本 4006 个。调查对有代表性的样本以网络推送问卷的方式进行。在全国调查中，男性占 51.57%，女性占 48.43%；"50 后"和"60 后"占 19.15%，"70 后"占 26.26%，"80 后"占 21.07%，"90 后"和"00 后"占 33.52%；高中、中专、职高、技校及以下占 25.59%，大专占 23.96%，本科及以上占 50.45%；低收入群体①占 35.47%，中等收入群体占 57.04%，高收入群体占 7.49%。其中，上海的样本为 1001 个，男性占 52.35%，女性占 47.65%；"50 后"和"60 后"占 22.98%，"70 后"占 23.08%，"80 后"占 24.58%，"90 后"和"00 后"占 29.37%；高中、中专、职高、技校及以下占 31.97%，

---

① 本文根据李培林提出的相对标准界定收入群体的方法，将收入中位值 75% 以下的界定为低收入群体，75%～200% 的界定为中等收入群体，200% 及以上的界定为高收入群体。下同。

大专占 22.88%，本科及以上占 45.15%；低收入群体占 27.67%，中等收入群体占 57.84%，高收入群体占 14.49%。

二 上海居民绿色低碳消费素养分析

"绿色""低碳""可持续"的发展理念在国际上逐渐形成了共识，我国政府对此尤为重视，坚持走可持续发展道路。而实现绿色低碳发展，不仅需要宏观政策层面的推动，还需要个体层面行为模式的转变，即形成绿色低碳的生活方式。研究者认为，影响人们低碳行为的一个重要因素就是低碳素养（low-carbon literacy）或环境素养（environmental literacy）。低碳素养可以被宽泛地理解为能够让人们理解生态问题并采取低碳生活方式的知识、观念、态度和技能的综合。本文将低碳素养区分为低碳知识、低碳态度、低碳价值观和低碳文化认同，并从这几个维度分析当前上海居民绿色低碳消费素养的特点。

（一）绿色低碳信息传播的社会环境

在分析低碳素养之前，本文首先分析当前低碳消费倡议活动的普及程度和低碳信息传播的特点，以勾勒出上海居民低碳消费素养的形成在信息传播方面的社会环境基础。

低碳消费倡议活动在上海居民中有一定普及度，尤其是政府推动的活动普及度较高。询问上海居民是否听说过一些与低碳生活相关的倡议活动和法规，结果发现（见图1），在上海居民中，大部分人或多或少听说过一些低碳生活的倡议，完全没听说过的仅占受访居民的 1.10%。在众多倡议或法规中，普及度最高的是"光盘行动"，62.24% 的受访居民听说过；其次是"限塑令"，有 54.45% 的受访居民听说过。这两者都是近几年来政府宣传力度较大或有明确规定限制的低碳消费活动。而并没有强制规定的一些国际性的倡议活动或生活方式，如"地球一小时"和"素食主义"，分别有 45.35% 和 42.66% 的居民听说过。此外，"反食品浪费法"和"膳食宝塔"也分别有 42.26% 和 38.16% 的居民听说过。相对而言，"零废弃生活/运动"在民众中的普及度略低，仅有 34.97% 的居民听说过。包括上海在内的一线城市与全国其他城市相比，低碳生活相关倡议活动和法规的普及度整体较高（见图 2）。

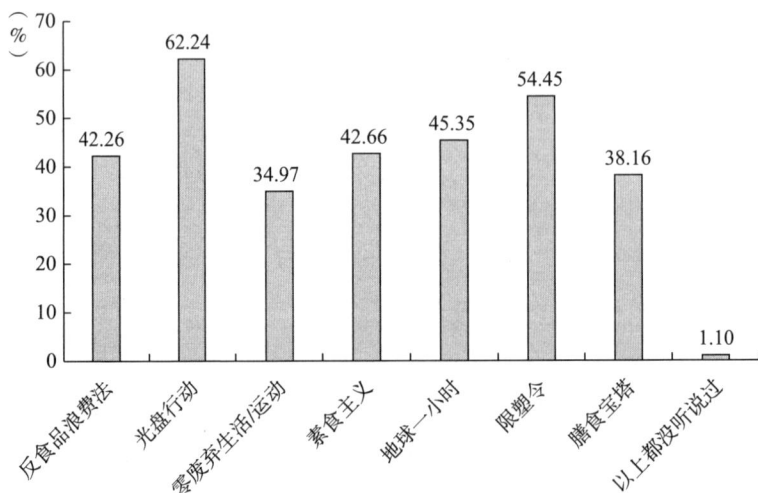

图 1 低碳生活相关倡议活动和法规在上海居民中的普及度

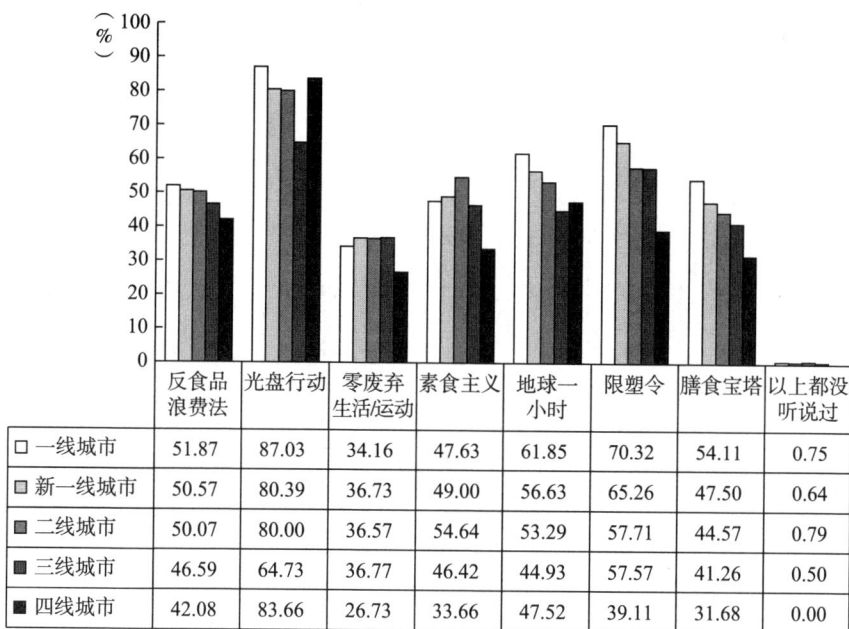

	反食品浪费法	光盘行动	零废弃生活/运动	素食主义	地球一小时	限塑令	膳食宝塔	以上都没听说过
□ 一线城市	51.87	87.03	34.16	47.63	61.85	70.32	54.11	0.75
▨ 新一线城市	50.57	80.39	36.73	49.00	56.63	65.26	47.50	0.64
▦ 二线城市	50.07	80.00	36.57	54.64	53.29	57.71	44.57	0.79
▪ 三线城市	46.59	64.73	36.77	46.42	44.93	57.57	41.26	0.50
■ 四线城市	42.08	83.66	26.73	33.66	47.52	39.11	31.68	0.00

图 2　低碳生活相关倡议活动和法规在全国的普及情况

分析上海居民了解低碳相关信息的媒介途径可以发现，除了0.30%的人表示从未了解过低碳相关信息，绝大多数人都了解过一定的低碳相关信息。人们最经常用来获取低碳信息的传播媒介是抖音或快手等短视频平台，31.67%的人经常从这里获取低碳、绿色环保的相关信息，其他市民选择较多的媒介是同事或朋友交流，社区宣传，电视、广播，微信等（见图3）。从媒介使用上可以看出，低碳传播呈现网络新媒介、传统媒介和传统人际传播交织的模式，除了短视频这种快速、直观的新媒介，电视、广播这种传统媒介在低碳信息传播中依旧有一定的占比。而经典的人际传播也在低碳信息传播中发挥了重要的作用，既有熟人之间的口口相传，又有多方位的宣传，如社区宣传、孩子学校宣传和工作单位宣传。因此可以说，上海居民低碳信息的传播渠道多样，新媒介传播和人际传播占比较大。

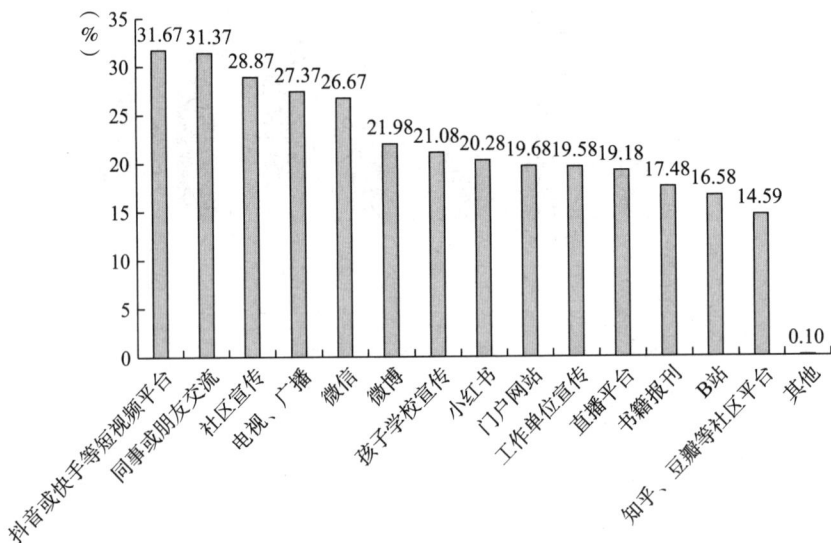

图 3　上海居民了解低碳消费相关信息的常用媒介

说明：此题为多选题，故所有选项比例相加大于 100%。

在媒介多样化的背景下，不同媒体会通过多种媒介发布信息，居民在媒介选择的同时对发布信息的媒体也会进行选择。对此，笔者分析了上海居民经常获取低碳相关信息和资讯的媒体。结果表明（见图 4），居民最常获取信息的渠道还是主流媒体，如分别有 53.45% 和 47.55% 的居民会从地方官方新闻媒体、中央媒体了解低碳信息，也有一定比例的居民选择从商业平台获取低碳相关信息。与此同时，自媒体也成为人们了解信息的一种渠道，有近三成的居民会从中了解低碳相关信息。

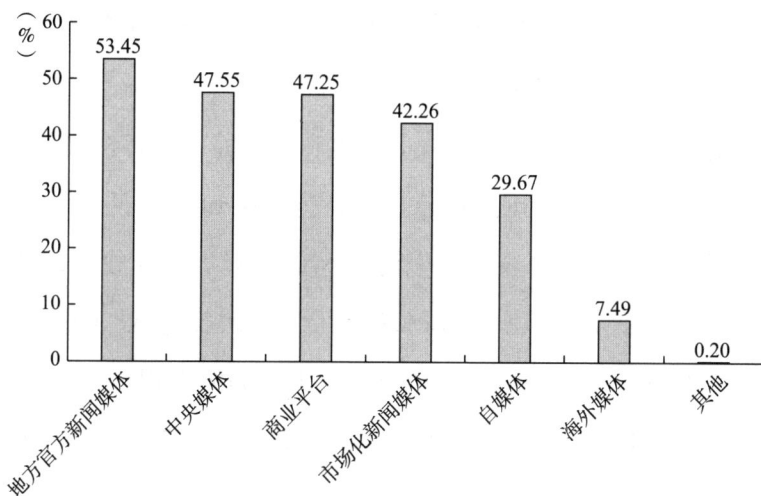

图4 上海居民了解绿色低碳相关信息的常用媒体

说明：此题为多选题，故所有选项比例相加大于100%。

就上海市的调查结果来看，当前低碳信息的传播已取得了一定的成效，绝大多数受访居民都对低碳倡议活动、低碳和绿色环保信息有过一定了解，普及度最高的低碳倡议活动往往是政府推动力度较大的活动，获取低碳信息最常用的媒介渠道既包括短视频这样的新媒介，也包括口口相传和社区宣传这样的人际传播渠道；地方官方新闻媒体超越了中央媒体，是上海居民最常选择的获取低碳相关信息的媒体。尽管低碳活动的普及和低碳信息获取渠道的多样化为人们形成低碳素养奠定了社会环境基础，但低碳信息在上海居民中的普及有待进一步推进。

（二）绿色低碳消费素养分析

1. 低碳知识素养

大多数上海居民具有较高的低碳知识素养，知识素养与社会经济地位成正相关关系，新媒介和传统媒介在民众知识素养提升上均发挥了积极作用。本文通过是否能辨别低碳商品、是否了解自己的生活方式对环境的影响等题目测量民众的低碳知识素养，具有相关知识能力记 1 分，无则记 0 分，按照得分高低，将低碳知识素养分为高、中、低三组。结果显示，63.04%的上海居民低碳知识素养较高，14.09%的人低碳知识素养较低，22.88%的人低碳知识素养处于中等水平。进一步对不同人群的低碳知识素养特点进行分析发现，受教育程度、收入水平、获取信息媒介不同的群体，低碳知识素养存在明显差异。

首先，在受教育程度方面，低碳知识素养水平会随着受访居民受教育程度的升高而提升（见图 5）。本科及以上受教育程度的受访者低碳知识素养较高的比例要比高中及以下的受访者高出 17.19 个百分点。

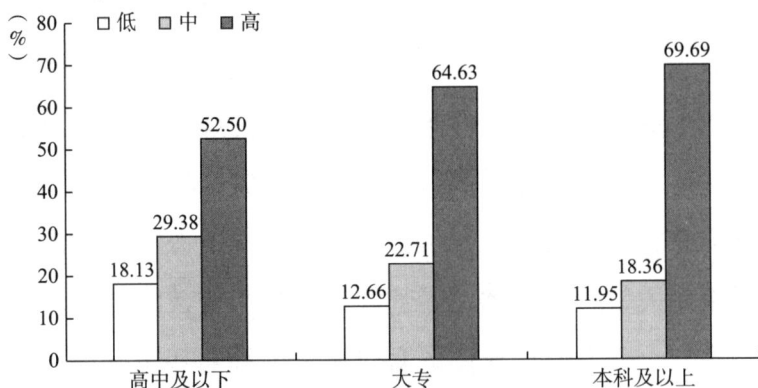

图 5　上海居民低碳知识素养的受教育程度差异

其次，收入越高的受访者低碳知识素养水平越高（见图 6）。高收入受访者具有较高低碳知识素养的比例要比低收入受访者高出 14.71 个百分点。

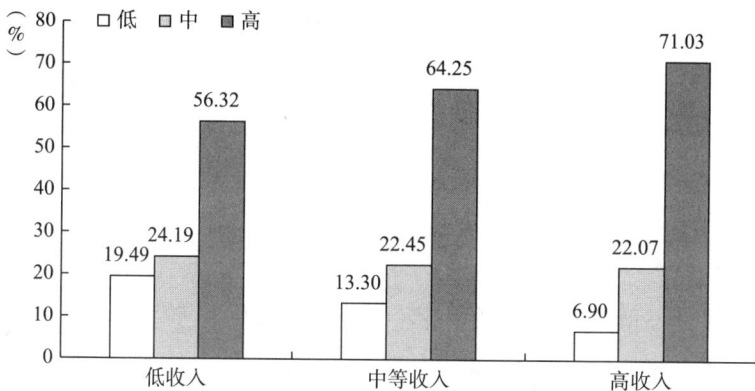

图6 上海居民低碳知识素养的收入水平差异

最后，获取信息媒介不同的受访者，其低碳知识素养也有差异（见表1）。在前述使用较多的获取低碳信息的几个媒介中，常使用短视频、微信等新媒介渠道获取低碳信息的受访者，具有较高低碳知识素养的比例相比不使用该媒介的受访者更高。而较为传统的宣传方式如社区宣传和电视、广播，效果也同样明显，通过社区宣传了解低碳知识的民众，具有较高低碳素养的比例相比不使用该媒介的居民高12.08个百分点。因此，各个媒介渠道对于低碳知识普及的作用都是十分积极的。

表1 低碳知识素养在媒介使用上的特点 （N=1001）

单位:%

	短视频		微信		社区宣传		电视、广播	
	不用	使用	不用	使用	不用	使用	不用	使用
低	14.04	14.20	15.26	10.86	16.29	8.65	14.72	12.41
中	25.44	17.35	22.75	23.22	24.16	19.72	23.93	20.07
高	60.53	68.45	61.99	65.92	59.55	71.63	61.35	67.52

整体上，上海居民的低碳知识素养水平与社会经济地位和媒介使用有一定关联，受教育程度较高、收入较高的居民低碳知识素养水平会更高；常使用各类媒介了解低碳信息的居民，低碳知识素养水平也较高。

2. 低碳态度素养

上海居民低碳生活态度积极，社会经济地位较高群体的低碳态度更积极，新媒介和传统媒介对态度改善都有效果。本文将人们对低碳生活质量、对推广简单生活的态度界定为低碳态度素养，按照得分高低，将低碳态度素养分为高中低三组。结果发现，受访居民的低碳态度整体比较积极，对低碳生活持有积极态度的居民比例为61.54%，持有中立态度的居民比例为36.36%，持有消极态度的居民比例仅为2.10%。进一步分析不同人群的特点发现，受教育程度和收入水平与低碳态度关系紧密。

首先，在受教育程度方面，大专和本科及以上受教育程度的受访者与高中及以下的受访者相比，低碳态度更积极，前两者对低碳生活持有积极态度的比例要比后者分别高出22.38个百分点和24.60个百分点（见图7）。

其次，在收入水平方面，低碳态度素养随着受访者收入的增加而更加积极（见图8），中高收入群体中低碳态度积极者的比例分别要比低收入受访者高出8.73个百分点和18.62个百分点。

最后，媒介使用对居民低碳态度素养也会有一定影响（见表2），无论是新媒介还是传统媒介，只要受访居民使用这些媒介了解低碳信息，其对低碳生活的态度就会更积极。

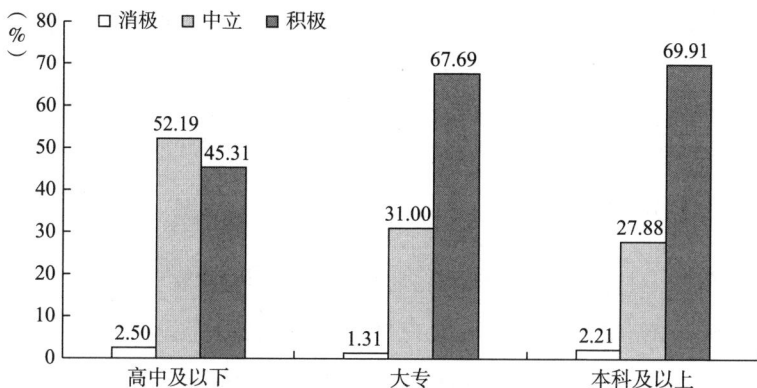

图 7　上海居民低碳态度素养的受教育程度差异

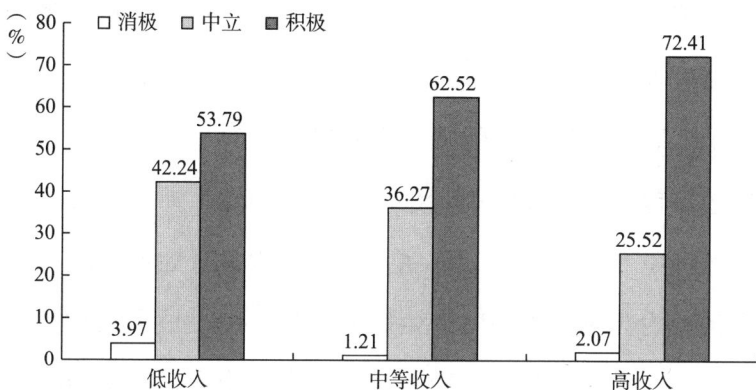

图 8　上海居民低碳态度素养的收入水平差异

表 2　低碳态度素养在媒介使用上的特点（N=1001）

单位:%

	短视频		微信		社区宣传		电视、广播	
	不用	使用	不用	使用	不用	使用	不用	使用
低	2.34	1.58	2.18	1.87	2.25	1.73	1.16	0.98
中	40.35	27.76	40.19	25.84	40.87	25.26	31.61	25.73
高	57.31	70.66	57.63	72.28	56.88	73.01	67.23	73.29

综合来看，上海居民的低碳态度素养更多受到受教育水平和收入水平的制约，受教育程度高、收入高的居民低碳生活态度会更积极，会使用媒介了解低碳信息的居民对低碳生活的态度也更积极。

3. 低碳价值观素养

本文将与低碳发展的意义和必要性、低碳发展的责任、低碳发展手段相关的几种价值观界定为低碳价值观素养。其中，与低碳发展的意义和必要性相关的价值观念是生态危机观，主要指人们关于生态环境危机的基本世界观。生态危机观的测量采用 Dunlap 等提出的新生态范式（NEP）量表①，通过对生态危机发生的可能性和地球的发展极限的认识来测量人们的生态危机观。与低碳发展的责任相关的价值观念是生态责任观，主要指人们对生态环境问题的责任归因信念，包括两个维度：一是个体责任归因，即认为自己的行为会对生态环境产生影响；二是他人责任归因，认为他人的行为而不是自己的行为会对生态环境产生影响。与低碳发展手段相关的价值观是生态优先发展观和科技生态观。前者是指人们关于经济发展和生态保护优先级的观念，认为两者冲突时，应以生态保护优先。后者是指人们对于科技解决生态问题的观点，包括两个维度：一是科技万能观，认为只要发展科技，就可以解决生态问题、控制自然；二是科技有限观，认为不能只依赖科技去解决环境问题，科技也可能伤害自然。

---

① R. E. Dunlap, K. D. Van Liere, A. G. Mertig, and R. E. Jones, "Measuring Endorsement of the New Ecological Paradigm: A Revised NEP Scale." *Journal of Social Issues* 56 (2000), pp. 425-442.

根据上述各价值观得分区分出高、中、低三组，上述三类价值观的分析结果如表3所示。

表3　低碳价值观素养一般特点（ $N=1001$ ）

单位:%

低碳价值观素养	价值观分布情况		
	低	中	高
生态危机观	0.80	54.45	44.76
生态责任观：个体责任归因	0.70	31.37	67.93
生态责任观：他人责任归因	36.36	33.27	30.37
生态优先发展观	30.07	47.45	22.48
科技生态观：科技万能观	19.28	52.95	27.77
科技生态观：科技有限观	1.60	46.25	52.15

从分析结果看，当前上海居民低碳价值观素养表现如下。在生态危机观方面，超过四成居民持有较高的生态危机观，意识到地球生态需要保护，但还有超过半数的市民对此持中立观点。在生态责任观方面，大多数（67.93%）居民认识到生态环境与自己行为有关，三成（30.37%）居民持有他人行为而不是自己行为影响生态问题的观念。在低碳发展手段方面，生态优先发展观的支持度中等，22.48%的居民支持生态优先于经济发展的观念，而近半数（47.45%）的居民对此持有模糊态度，还有三成的居民不认可生态优先于经济发展。对于科技在生态保护中的作用，超过1/4（27.77%）的居民认可科技能解决一切生态问题，近1/5（19.28%）的居民反对这一观点，超过半数的居民中立看待这一观点。大多数（52.15%）的居民赞成科技作用有限的观点，认为不能完全依赖科技去解决生态问题，只有1.60%的居民反对这一观点。整体而言，当前上海市民

整体拥有一定程度的低碳价值观素养，但在生态危机观、生态责任观、生态优先发展观、科技生态观方面的认识水平有待进一步提升。本文接下来将进一步分析低碳价值观素养的人口学特点。

比较不同受教育程度居民的低碳价值观素养的特点可以发现（见表 4），受教育程度不同的受访者，低碳价值观素养水平呈现差异。与高中及以下受教育程度的受访者相比，大专和本科及以上受教育程度的受访者更明显地持有强烈的生态危机观，更多将生态环境问题与自己的行为相关联，更少将责任归于他人，更加支持生态优先发展观，更加认可科技作用有限、不能完全依赖其来解决生态问题的观念；但在科技万能观上，大专和本科及以上学历的受访者具有更高的赞同程度。

表 4 低碳价值观素养在受教育程度上的差异 （N＝1001）

单位：%

低碳价值观素养	受教育程度		
	高中及以下	大专	本科及以上
生态危机观	33.44	43.23	53.54
生态责任观：个体责任归因	56.25	76.00	72.12
生态责任观：他人责任归因	34.69	28.82	28.10
生态优先发展观	15.31	26.64	25.44
科技生态观：科技万能观	21.88	24.89	33.41
科技生态观：科技有限观	46.25	51.53	56.64

注：表中仅列出各价值观高分组的比例。

通过对不同收入水平居民的低碳价值观素养的对比分析可以发现（见表 5），收入水平不同的受访者，低碳价值观素养水平也呈现差异性。随着收入的增加，居民的生态危机观念更强烈，将生态环境责任与自己关联的更多，更加承认科技解决生态问题也有限度。同时，在他人责任归因上，中等收入群体要比其他群体更多地将生态环境问题归因为他人行为而不是自己；在生态优先发展观上，中等收入群体的赞同程度最低；此外，中等收入群体具有最高的对科技万能观的认同比例。

表 5　低碳价值观素养在收入水平上的差异（$N=1001$）

单位:%

低碳价值观素养	月收入		
	低收入	中等收入	高收入
生态危机观	38.63	44.21	58.62
生态责任观：个体责任归因	66.43	66.84	75.17
生态责任观：他人责任归因	27.08	32.64	27.59
生态优先发展观	20.58	20.03	35.86
科技生态观：科技万能观	27.08	28.50	26.21
科技生态观：科技有限观	46.21	52.33	62.16

注：表中仅列出各价值观高分组的比例。

　　通过比较是否使用媒介获取低碳相关信息的居民在低碳价值观素养上的特点（见表6）可以发现，无论是使用短视频或微信等新媒介来了解低碳相关信息，还是使用电视、广播或通过社区宣传来了解低碳相关信息，居民的价值观模式基本类似，与不使用这些媒介获取信息的居民相比，使用这些媒介的居民生态危机观更强烈，更多将生态环境问题与自己的行为相关联而更少将责任归于他人，更支持生态优先发展观，更不赞同科技万能观。但在科技有限观上，使用相应媒介与不使用的受访者相比，不存在统计上的显著差异。

表 6　低碳价值观素养在媒介使用上的差异（*N* = 1001）

单位:%

	短视频		微信		社区宣传		电视、广播	
	不用	使用	不用	使用	不用	使用	不用	使用
生态危机观	42.11	50.47	42.51	50.94	33.12	48.79	44.70	44.89
生态责任观: 个体责任归因	63.30	77.92	64.99	76.03	63.06	79.93	64.37	77.37
生态责任观: 他人责任归因	32.31	26.18	34.74	18.35	35.11	18.69	35.35	17.15
生态优先发展观	21.05	25.55	19.90	29.59	17.84	33.91	17.19	36.50
科技生态观: 科技万能观	27.34	28.71	28.89	24.72	29.07	24.57	30.26	21.17
科技生态观: 科技有限观	50.73	55.21	51.91	52.81	52.39	51.56	54.06	47.08

注：表中仅列出各价值观高分组的比例。

4. 低碳文化认同素养

低碳文化认同包括行为卷入和情感认同两个方面。行为卷入是指主动了解、思考低碳相关问题；情感认同是指会因自己具有低碳行为习惯而感到自豪。这两个方面可以被理解为影响低碳行为的行为倾向和情感指标。低碳文化认同在本文中被认为是低碳素养的重要组成部分。本文将低碳文化认同的行为卷入和情感认同两个维度均值划分为高、中、低三个分数区间，分析结果如表 7 所示。

整体上，上海居民的低碳文化认同感较强。上海居民普遍表现出较高程度的情感认同，高情感认同者的比例超过六成；积极行为卷入的程度低于情感认同，但获得高分者比例也超过了半数。

表 7　低碳文化认同的一般特点 （*N* = 1001）

单位:%

低碳文化认同	认同分布情况		
	低	中	高
低碳文化认同：行为卷入	1.00	47.75	51.25
低碳文化认同：情感认同	0.70	37.66	61.64

　　进一步比较不同群体在低碳文化认同上的特点，结果发现，受教育程度、收入水平和媒介使用情况不同的居民，其低碳文化认同也有差异。在受教育程度方面，居民受教育程度越高，无论是在行为卷入还是在情感认同上，其低碳文化认同程度都越高（见表8）。与之类似，在收入水平方面，月收入越高的居民，其低碳行为卷入和情感认同程度越高（见表9）。

表 8　低碳文化认同素养在受教育程度上的差异 （*N* = 1001）

单位:%

低碳文化认同素养	受教育程度		
	高中及以下	大专	本科及以上
低碳文化认同：行为卷入	38.75	51.53	59.96
低碳文化认同：情感认同	53.75	64.19	65.93

注：表中仅列出各认同维度高分组的比例。

表 9　低碳文化认同素养在收入水平上的差异 （*N* = 1001）

单位:%

低碳文化认同素养	月收入		
	低收入	中等收入	高收入
低碳文化认同：行为卷入	46.21	50.09	65.52
低碳文化认同：情感认同	56.32	60.79	75.17

注：表中仅列出各认同维度高分组的比例。

对于低碳文化行为卷入（见表 10），使用短视频和微信了解低碳信息的受访居民与不使用的人相比，其行为卷入程度更高；但使用和不使用电视、广播和社区宣传媒介的受访居民，在行为卷入程度上没有统计学上的明显差异。这提示低碳文化的行为卷入可能更容易受短视频和微信等新媒介的影响。对于低碳文化的情感认同，无论是作为新媒介的短视频、微信还是作为传统媒介的电视、广播和社区宣传，居民只要使用这些媒介了解低碳信息，与不使用者相比，他们的低碳文化情感认同程度会更高。

表 10 低碳文化认同在媒介使用上的差异（N=1001）

单位：%

	短视频		微信		社区宣传		电视、广播	
	不用	使用	不用	使用	不用	使用	不用	使用
低碳文化认同：行为卷入	48.10	58.04	48.77	58.05	50.84	52.25	49.52	55.84
低碳文化认同：情感认同	57.31	70.98	58.58	70.04	57.16	72.66	58.05	71.17

注：表中仅列出各认同维度高分组的比例。

三 上海居民社区层面绿色低碳消费分析

党的十九大报告提出，要加快生态文明体制改革，建设美丽中国。这就要坚定不移持续推进生态文明建设，推动绿色发展，推进资源全面节约和循环利用，加强固体废弃物与垃圾处置，构建以政府为主导、企业为主体、社会组织和公众共同参与的绿色治理体系。社区是居民生活和城市治理的基本单元，是党和政府联系、服务人民群众的"最后一公里"。2020 年，住房和城乡建设部、国家发展和改革委员会等 6 部门联合印发《绿色社区创建行动方案》，开展绿色社区创建行动。上海市人民政府为提高上海城市管理精细化水平，根据《上海市国民经济和社会发展第十四个五年规划和二〇三五年远景目标纲要》，制定了《上海市城市管理精细化"十四五"规划》，推动创建 1000 个"美丽家园"特色小区和 100 个"美丽家园"示范小区，绿色社区创建率不低于 70%；结合城市更新工作和绿色社区建设，继续推进旧改和旧住房更新改造工作；健全小区综合治理体制；推动绿色建筑与生态城区高标准高品质发展；确立绿色低碳、数字智慧、安全韧性的空间治理新模式。①

1. 社区推广绿色节约活动开展情况较好，居民参与垃圾分类和绿色节约相关活动的比例较高

针对社区过去一年开展绿色低碳活动的情况，调查显示（见图 9），上海城市社区推广绿色节约生活方式（"光盘行动""大手拉小手"等）的活动开展情况较好，42.06% 的受访者表示其所在社区过去一年开展了此项活动；垃圾分类开展得也比较好，41.46% 的受访者表示其所在社区开展了垃圾分类。但二手交易活动或跳蚤市场、气候变化教育活动、公共空间减碳活动（阳台种植、花园共建、绿化提升等）开展情况一般，仅有 1/4 左右的社区过去一年开展了这些活动。

同时，从社区居民参与情况来看，六成的受访者觉得所在社区开展绿色低碳相关活动比较丰富，其中 33.23% 的受访者参与了垃圾分类，30.82% 的受访者参与了推广绿色节约生活方式的活动，25.38%

---

① 《上海市人民政府办公厅关于印发〈上海市城市管理精细化"十四五"规划〉的通知》，https：//www. shanghai. gov. cn/hfbf2021/20210827/0630088139a84697a55c0a982437b1bb. html，2021 年 8 月 27 日。

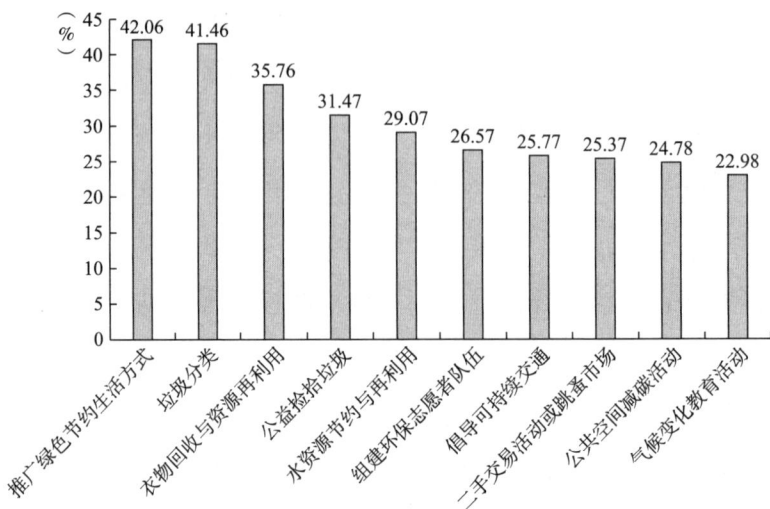

图 9　上海居民所在社区过去一年开展绿色低碳相关活动情况

说明：此题为多选题，因此各个比例相加大于 100%。

的受访者参与了衣物回收与资源再利用。参与这三项活动的受访者比例较高，也反映出社区在这方面开展活动取得了较好的成效（见图 10）。

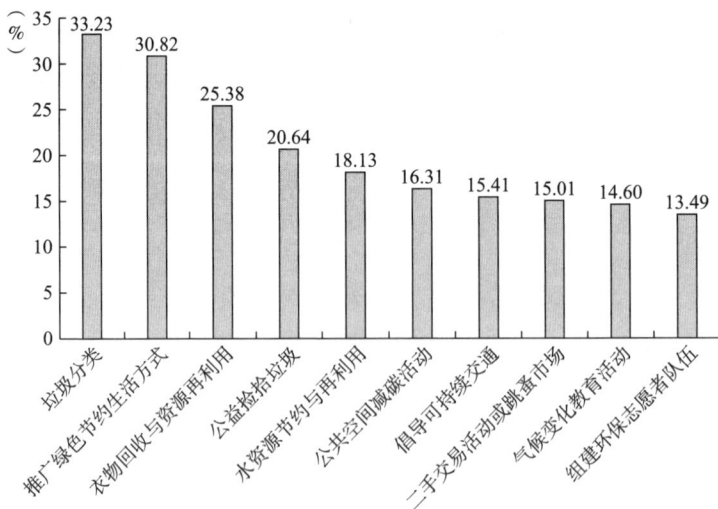

图 10　上海居民参与所在社区开展的绿色低碳相关活动情况

说明：此题为多选题，因此各个比例相加大于 100%。

2. 街道和居委会是社区绿色低碳活动的主要组织者，社区中的老年居民是最积极的参与者

调查显示（见图11），街道或居委会是社区绿色低碳活动的主要组织者，64.25%的受访者所在社区开展的绿色低碳活动是由街道或居委会组织的。居民和社会组织也是社区绿色低碳活动的重要组织者，有49.55%的受访者所在社区开展的绿色低碳活动是由居民、业主委员会等自发组织的。此外，有41.39%的受访者所在社区的相关活动是由专业的社会组织牵头组织的。就绿色低碳活动的参与效果来看，54.50%的社区居民认为参加了绿色低碳活动后，自己在日常生活中的绿色低碳行为变多了一些；53.37%的受访者认为社区开展的绿色低碳活动对自己了解低碳生活有所帮助；八成的受访者希望所在社区更多地开展绿色低碳相关活动。就绿色低碳活动的参与群体来看，45.42%的受访者认为最积极的参与者是社区中的老年居民，40.89%的受访者认为最积极的参与者是社区中的中年居民，37.76%的受访者认为青年居民在参与社区绿色低碳活动中最积极。

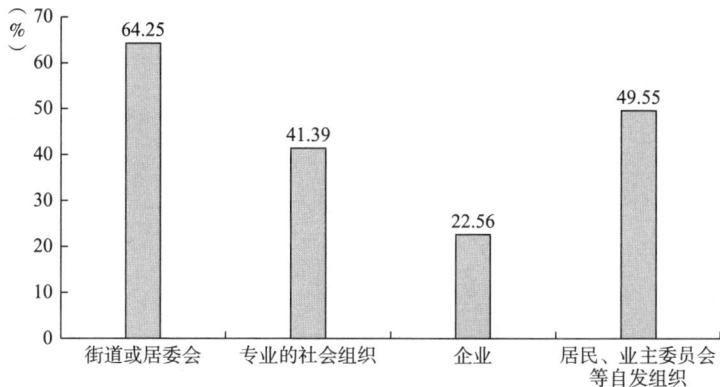

图11　上海居民所在社区开展的绿色低碳相关活动的组织者

说明：此题为多选题，因此各个比例相加大于100%。

3. 垃圾分类执行情况良好，上海市执行情况好于其他城市

执行生活垃圾分类作为我国大力推进生活方式绿色化、实现绿色可持续发展的重要一环，需要统筹社区各方面力量，将推广生活垃圾分类作为宣传绿色低碳生活方式的重要载体，形成社会合力。同时，推广生活垃圾分类也是社区生活中最重要的环保行动，其参与范围覆盖了全体居民。大力宣传垃圾分类，可以通过有效改变居民的日常生活方式，不断提高居民环保意识。因此，执行生活垃圾分类是一件关系社会文明水平的大事，更是一件影响中国绿色发展转型的实事。笔者对当前上海市社区垃圾分类情况进行了测量。

通过分析可以看出，上海居民所在社区执行垃圾分类的情况总体较好，超过七成的受访者表示所居住的社区经常或总是执行垃圾分类（见图 12）。作为全国较早推广"垃圾分类"制度的城市，北京和上海的受访者所居住社区的执行情况明显好于全国其他城市受访者所居住的社区（见图 13）。

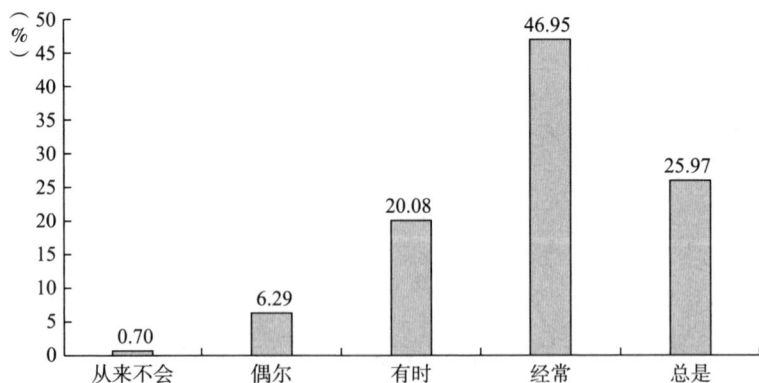

图 12　上海居民所在社区严格执行垃圾分类情况

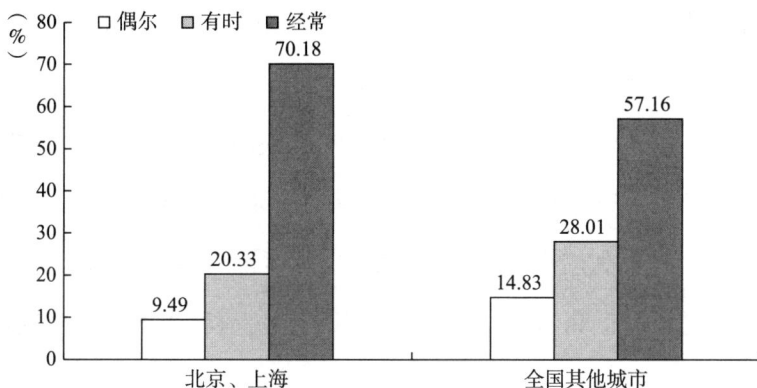

图 13 北京、上海和全国其他城市的受访者所在社区严格执行垃圾分类情况

4. 社区基础设施绿色化程度有待提升，绿色社区创建依然任重道远

社区作为绿色低碳生活推广的重要场所，其基础设施绿色化程度决定了社区层面绿色低碳设施的供给情况，反映了绿色低碳设施的可及性，直接影响了居民践行绿色低碳行为的可能性。从国家政策层面看，推进社区基础设施绿色化，积极改造提升社区水电路气等基础设施，采用节能照明、节水器具等绿色产品、材料，综合治理社区道路，实施生活垃圾分类，推进海绵化改造和建设，是创建绿色社区的关键内容。① 在调查中，我们测量了上海城市社区基础设施的绿色化水平。

调查发现（见图 14），在上海受访居民居住的社区，投放垃圾分类或旧物回收设施的情况一般，仅有不到一半的受访者表示其居住的

---

① 《住房和城乡建设部等 6 部门印发〈绿色社区创建行动方案〉》，https://www.gov.cn/xinwen/2020-08/01/content_5531813.htm，2023 年 11 月 10 日。

社区有相关设施，这一比例低于全国水平（59.34%）。其他基础设施绿色化程度也明显有待提升，例如仅有 31.47% 的受访者表示其居住的社区具有建筑节能或改造后节能设施（如建筑保温隔热、建筑外遮阳设施），34.07% 的受访者表示其居住的社区具有规划水资源节约设施（如雨水收集利用设施、家庭节水器具等）。由此可见，完善城市绿色社区建设、提高城市社区绿色化水平，仍有较大的提升空间。

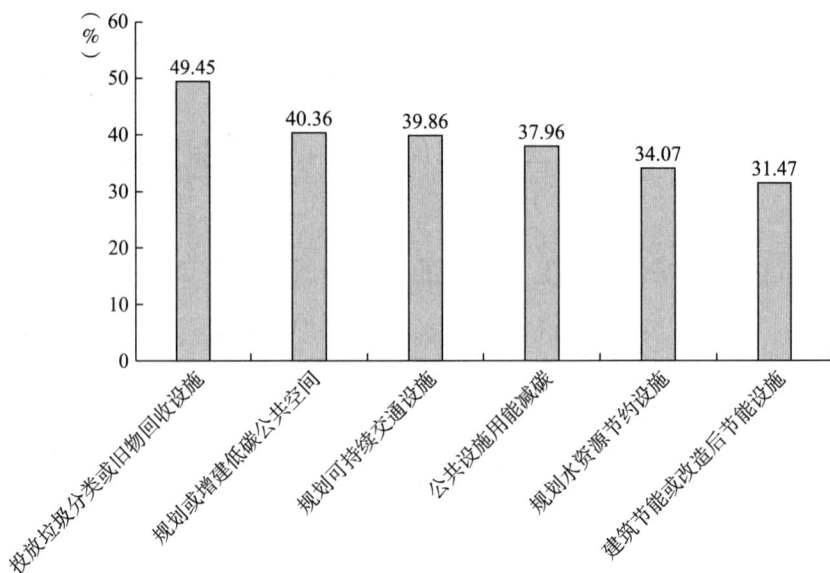

图 14　上海居民所居住社区基础设施绿色化情况

说明：此题为多选题，因此各项比例相加大于 100%。

四　研究总结与对策建议

2023 年，习近平总书记在上海考察时强调，上海要完整、准确、全面贯彻新发展理念，围绕推动高质量发展、构建新发展格局，聚焦建设国际经济中心、金融中心、贸易中心、航运中心、科技创新中心的重要使命，以科技创新为引领，以改革开放为动力，以国家重大战略为牵引，以城市治理现代化为保障，勇于开拓、积极作为，加快建成具有世界影响力的社会主义现代化国际大都市，在推进中国式现代化中充分发挥龙头带动和示范引领作用。[①]

绿色消费对我国经济社会发展意义深远。协同推进降碳、减污、扩绿、增长，是党的二十大报告针对推进美丽中国建设、推动绿色发展提出的关键任务。上海作为我国改革开放排头兵、创新发展先行者，促进经济社会发展全面绿色转型，率先建成人与自然和谐共生的社会主义现代化国际大都市，对我国经济社会高质量发展具有重要引领和示范作用。

首先，本文认为，应发挥政府的主导作用、利用多种政策工具整合不同主体的利益、激发相关利益主体能动性，推动社会治理、社会创新和社会文化营造的协同及良性互动，促进居民绿色低碳生活方式转型。需要构建完善政策体系，加强绿色低碳消费相关基础设施和公共服务建设，促进治理体系和治理能力现代化。综合运用行政执法、经济金融、教育引导等多种政策工具，强化约束、激励、教育的政策维度，采取多种措施调动企业、消费者等利益主体的能动性，努力打通自下而上的政策反馈机制，充分发挥政府的管制、规范、引导等多种职能，构建并完善低碳消费政策体系。同时

---

① 《习近平主持召开深入推进长三角一体化发展座谈会强调 推动长三角一体化发展取得新的重大突破 在中国式现代化中更好发挥引领示范作用》，https://news.cctv.com/2023/11/30/ARTIsQsTv7KtpxUoWL9zZToC231130.shtml，2023 年 11 月 30 日。

加强以政府为主体的公共供给，完善公共交通、物流配送、垃圾分类等传统基础设施以及 5G 网络、大数据等新型基础设施，提升交通出行、教育、医疗、养老等公共服务水平，完善低碳消费的公共产品供给。

其次，在绿色低碳消费的信息传播途径方面，本文研究发现，上海居民了解低碳相关信息的媒介途径发生了重要变化，即新媒介的作用进一步凸显。新媒介时代，移动通信技术和互联网技术迅猛发展，人们可以通过微博、微信、知乎等多种渠道了解最新消息，评论新闻热点。新媒介时代的受众是流动的，他们不仅能够在海量的信息中进行自主选择，而且他们的注意力也很容易被新的议题转移。因此，政府相关部门需要注意新媒介时代信息传播方式的变化，积极通过新媒介途径传播绿色低碳消费知识，引领绿色低碳消费文化。

再次，需要高度重视绿色低碳消费文化的培育。文化的影响力不仅以时间为轴，一代一代传承，也在地域维度里向四方传播。绿色低碳消费作为一种新的生活方式，其本质在于民众对于绿色低碳社会文化的认可。因此，需要发挥媒体、企业、社会组织、消费者的能动性，推动形成绿色低碳的社会文化。鼓励传统媒介和新媒介加强可持续传播，面向不同受众普及绿色低碳消费知识、宣传绿色低碳消费观念、引导绿色低碳生活方式。引导企业在产品生产、销售和服务的不同环节注重绿色低碳的价值引领，尤其注重发挥电商平台、网络主播等新业态企业和意见领袖的价值引领作用，着力塑造积极健康的消费文化。通过资源倾斜、服务购买、孵化支持等多种方式，发挥社会组织专业性、下沉性、陪伴性等多方面优势，在社区服务、共同体培育、信息支持等不同层面营造绿色低碳文化。

应注重发挥消费者在推动社会文化转型中的重要作用，充分利用数字媒体和数字消费平台，鼓励绿色产品分享测评、培育低碳消费社群，加强可持续消费文化传播。

最后，需要发挥社区作为城市绿色低碳消费转型基本单元的作用，通过创新社区治理，推动城市的绿色低碳消费转型。社区不仅是城市治理的基本单元，同时也是广大人民群众生产生活的主要场所。社区服务的质量和水平直接关系到社区居民的获得感、幸福感和安全感。本文的分析显示，街道和居委会是社区绿色低碳活动的主要组织者，在绿色低碳消费转型中发挥重要作用。因此，上海需要进一步重视社区对于绿色低碳转型和高质量发展的作用。要以城市为单位整体谋划推进，积极将社区嵌入式绿色低碳消费服务设施建设和加快绿色低碳文化转型融入城市发展规划。明确绿色低碳消费的发展方向和整体体系设计，科学规划、合理布局，力求做到配置合理科学、功能比例协调、载体设施丰富、供给渠道多样、供给主体多元、供给机制科学、供需匹配精准以及社区居民受益。要以街道或社区为单元统筹规划和建设，立足于街道、社区特定的发展阶段和地方特质，制定不同类型社区的绿色低碳消费标准及其社区服务设施的配套要求、预期指标和方法路径。按照居民社区内可及要求，因地制宜开发建设、盘活社区闲置资源，加快社区绿色低碳转型，并形成绿色低碳消费的社会文化。

还需要注意的是，要循序渐进推动居民绿色低碳消费转型。毋庸置疑，绿色低碳消费作为一种生活方式涉及观念和文化培育，其转型过程不是一蹴而就的。本文关于低碳文化认同的分析也显示，居民对绿色低碳消费和文化的情感认同需要一定的过程。因此，需要注意循序渐进地推动居民绿色低碳消费转型。一方面，推动绿色低碳消费转型是尊重自然、保护自然的体现，也是全面建设社会主义现代化国家的内在要求。另一方面，推动居民绿色低碳生活方式转型、实现碳达峰碳中和，不可能毕其功于一役，必须坚持稳中求进、逐步实现。要立足于我国社会主义初级阶段的国情，在确保经济社会高质量发展、满足人民美好生活需要和能源安全的基础上，推动绿色低碳消费转型。处理好发展和低碳的关系，避免因噎废食，既要立足当下，稳步推进，又当放眼长远，把握好降碳的节奏和力度，实事求是、循序渐进、持续发力。

长三角一体化

长三角区域市场一体化面临的
堵点难点及对策建议[*]

欧阳慧　刘　方　胡　飞[**]

摘　要：优势地区率先实现区域市场一体化，是建设全国统一大市场的必然要求和重要途径。长三角区域一体化发展上升为国家战略以来，区域市场一体化速度明显加快，制度贯通、监管协同、设施联通等重点领域加快突破，成效显著。与此同时，地方保护禁而未绝、招商引资竞争加剧、要素流动仍然受阻、互联互通亟待提速等瓶颈，对长三角区域市场一体化迈向更高质量形成了制约。为此，建议从地方保护专项整治、市场规则标准统一、要素市场一体配置、强化区域合作、完善税收分享等方面协同发力，推动长三角区域市场一体化取得更

---

* 本文系国家社会科学基金重大项目"系统观视角下推进以人为核心的新型城镇化战略突破研究"（项目编号：22ZDA056）的阶段性成果。

** 欧阳慧，中国宏观经济研究院市场与价格研究所副所长、研究员；刘方，中国宏观经济研究院市场与价格研究所研究员；胡飞，中国宏观经济研究院市场与价格研究所副研究员。

大突破，更好地服务全国统一大市场建设。

关键词：长三角区域　市场一体化　地方保护　区域合作

　　长三角地区经济发展活跃、开放程度高、创新能力强，是国内最有条件和能力推动一体化发展的空间板块。自 2018 年 11 月 5 日长三角一体化发展上升为国家战略以来，长三角区域市场一体化稳步推进，在市场规则制度统一、基础设施互联互通、商品要素流动畅通、市场监管协作联动等多个领域取得了显著成效，给激发区域增长潜力、优化营商环境、便利居民生活带来了积极影响。习近平总书记强调，"实施长三角一体化发展战略要紧扣一体化和高质量两个关键词，以一体化的思路和举措打破行政壁垒、提高政策协同，让要素在更大范围畅通流动"。① 站在新的起点，面向更高质量一体化、更好地服务全国统一大市场建设的目标要求，有必要进一步加强长三角区域市场一体化的顶层设计，加强系统谋划。

一　近年来长三角区域市场一体化在重点领域加快突破，成效显著

（一）市场基础制度规则加快统一，加快释放发展活力

　　长三角地区强化市场基础制度规则的统一，在多领域先试先

---

① 《习近平在扎实推进长三角一体化发展座谈会上强调：紧扣一体化和高质量抓好重点工作 推动长三角一体化发展不断取得成效》，《人民日报》2020 年 8 月 23 日，第 1 版，https://www.peopleapp.com/column/30035560510-500005064035。

行，不仅优化了营商环境，降低了企业的交易成本，还形成了一批特色化制度创新成果。一是统一市场准入标准规则。签署《长三角地区市场准入体系一体化建设合作协议》，推进市场准入、规范服务、信息共享规则制度统一，积极推动电子营业执照跨省、跨部门共享互认。出台《关于简化登记材料开展外国投资者主体资格证明文件互认的试点办法》，推进外商投资企业登记信息共享机制。二是推进公平竞争政策统一。发布长三角区域公平竞争环境评估研究报告，在全国公平竞争大会上签署《长三角地区公平竞争政策一体化推进合作协议》，在公平竞争审查制度、经营者集中审查、反垄断反不正当竞争执法、竞争倡导等方面加强协作，共同打造长三角地区公平竞争市场环境。三是推进知识产权保护一体化。签署《长三角地区数据知识产权保护合作协议》等合作协议，更高质量推进区域知识产权发展与保护一体化，有力支撑区域协同创新，共享区域创新资源。四是加大信用监管协同。加强长三角产品质量、网络食品经营、知识产权代理等重点领域信用监管跨区域合作，建立严重失信者名单互认制度，扎实推进"信用长三角"。

（二）基础设施联通水平显著提升，流通效率不断跃升

长三角地区基础设施一体化主要体现在交通网络设施、信息基础设施、能源水利设施等多个方面，不仅为长三角地区经济社会发展注入了新的活力和动力，也为全国其他地区的区域一体化发展提供了有益借鉴。一是交通基础设施互联互通。长三角地区的高铁网络不断扩展和完善，截至 2023 年底，长三角高铁运营里程达到 7100 公里，比 2018 年增长了 71%，形成"轨道上的长三角"。沪

宁、沪杭、宁杭等多条高铁线路将上海、南京、杭州等主要城市串联起来，高速公路网、城际快速路、跨省通道等项目加快推进，城市间连接更加紧密。港口方面，以上海港、宁波舟山港为核心，以苏州港、南京港、连云港港、芜湖港等为骨干的世界级港口群加速构建，提升了整体航运能力和物流效率。二是信息基础设施升级，数字长三角加快建设。以 5G 网络为基础的"数字长三角"建设取得了一系列新进展，累计建成 5G 基站超 66 万个，全国一体化算力网络长三角国家枢纽节点加快建设，为数字经济发展提供了坚实基础。三是能源和水利设施布局优化，促进能源供应安全稳定。统筹跨区域能源基础设施建设，新一代信息设施率先布局成网，提升能源安全供应和互济互保能力。实施跨区域电力输送工程，区域内电力互联互通工程持续推进，增强了能源供应的安全性和稳定性。水利设施方面，完善水资源调配系统，水资源调配和防洪排涝能力得到加强，通过一系列水利工程提高了水资源利用效率。

（三）商品市场迈向高水平统一，规模效应日益显现

长三角地区商品市场一体化主要体现在质量标准统一、商贸流通便利和消费维权一体化等方面，有力促进了区域内的商品和服务自由流动。一是推进质量标准一体化。打响"长三角标准"品牌，共同制定发布一批区域协同标准。构建长三角计量技术规范体系，发布一批"沪苏浙皖"计量技术规范，联合打造长三角检验检测认证创新发展高地，组建长三角"一带一路"国际认证联盟，共同开拓国际市场。二是推进商贸流通一体化。共同签署《深化长三角区域市场一体化商务发展合作协议》，深化长三角物流合作，建设高

水平现代商贸流通体系，形成区域互认互通共享机制，推动长三角地区商贸流通体系的融合发展，提高资源配置效率和跨区域经营能力。打造长三角地区农产品优质供应基地，推进农产品产销对接和供应链区域合作，打造产销一体的农产品流通区域合作新模式。三是推进消费维权一体化。开展"满意消费长三角"提升行动，签署《消费品召回工作合作协议》，累计建成长三角放心消费单位 44.3万家，异地异店退换货单位 2174 家。建立完善长三角消费纠纷多元化解机制，形成一批具有示范性的消费纠纷人民调解联合工作室。

（四）要素市场一体化稳步推进，配置效率持续优化

长三角地区围绕科技创新、金融合作、人员流动等方面，通过建立统筹协调机制、推进制度和设施联通、推进重点领域合作等，纵深推进区域要素市场一体化，增强了区域经济发展内生动力。

科技创新方面。一是共塑一体化科技创新制度框架。建立长三角科技创新规划会商机制，共同对区域性科技创新目标、重点任务、资源布局、国际合作等进行协商和统筹。针对重点领域和重大科技问题，联合编制科技创新专项规划，推动形成长三角地区科技协同创新规划体系。二是统筹推进科技创新能力建设。共建一批长三角高水平创新基地，加强国家实验室、国家重点实验室等重大科技创新基地布局建设，推动长三角国家技术创新中心建设。三是共同打造重大科技基础设施集群。以上海张江、安徽合肥综合性国家科学中心为依托，加快构建世界一流的重大科技基础设施集群和区域重大科技基础设施网络。四是联合开展重大科技攻关。鼓励三省一市立足优势学科和研究力量，聚焦集成电路、生物医药、人工智能等重点领域，主动发起和联合承担若干国家重大科技项目。五是推动创新资源开放共享和高效配置。建立长三角科技资源开放共享平台，实现大型科研仪器设备、科技文献等资源的跨区域共享，促进区域资源优势互补和高效利用。

金融合作方面。一是建立金融一体化机制。长三角地区通过建立金融一体化机制，建立三省一市中国人民银行分支行间的协调委员会，共同推动区域金融合作，提高处理复杂金融问题的能力。二是金融基础设施互联互通。积极推进长三角金融基础设施互联互通，改善区域支付清算网络，增强了区域内资本流动。设立信息共享平台，及时发布金融风险预警信息，防范区域性金融风险。三是开展普惠金融合作。开展长三角普惠金融合作交流活动，分享长三角地区普惠金融交流合作的最新成果，明确下一步工作安排。四是推进跨境金融合作。依托上海自由贸易试验区，开展跨境人民币业务等金融改革创新实验。强化上海作为国际金融中心的地位，带动周边地区的金融开放和发展。

人员流动方面。自 2018 年长三角一体化发展上升为国家战略以来，长三角城市关系向更紧密、高效的方向发展。以沪苏联动为例，"沪职苏住"已形成明显的同城效应。大数据分析显示，苏州是上海流入及流出跨城通勤者占比均排第一的地区。2022 年，在上海市域跨城通勤的 2.2 万人中，苏州市的跨城通勤者占流入上海市域的跨城通勤者的近 90%。2023 年，流入上海市域的跨城通勤者的主要来源地仍然为苏州市，跨城通勤者占比为 88.8%。从苏州市到上海中心城区的跨城通勤者占比更高，始终占流入上海中心城区的跨城通勤者的 95% 以上。

（五）市场监管协作联动纵深推进，监管效能明显提升

长三角地区推进行政执法一体化，区域市场秩序更趋规范，市场监管效能持续增强。一是完善行政执法协作规范。制定实施《长三角地区市场监管联动执法实施办法》等市场监管协作制度规范。二是推进重点领域执法协同。建立统一的长三角食品安全信息追溯团体标准，共建长三角食品安全信息追溯（区块链）平台，加强食品安全监管协作，完善药品检查和服务协同。统一三省一市重点产品监管目录，统一异议处理和不合格后处理整改流程，建立长三角产品质量监督抽查一体化信息平台。三是共享市场监管数据资源。开通建成长三角经营主体基础数据库平台，研究发布"长三角经营主体发展指数"，打造长三角市场监管一体化线上升级版。

总的来看，长三角市场一体化进程在多个关键领域取得了实质性进展，正逐步形成一个高效、协调、可持续发展的区域经济体。这些成效不仅提升了区域经济的整体竞争力，也为居民生活带来了便利，同时为全国乃至全球的区域协同发展提供了示范和借鉴。未来，随着长三角地区继续深化一体化发展，推动更多领域的协同进步，预计未来还将在更广泛的领域取得更多的进展。

二 当前长三角推进区域市场一体化
仍存在堵点难点

为了解长三角推进区域市场一体化面临的难点堵点，笔者走访了地处长三角的上海、苏州、南京、合肥等城市，并以电话联系、

线上线下访谈等方式调研了 80 多家企业及政府相关人员，发现一些领域地方保护和市场分割仍然存在，既有久拖未决的老问题，也有新形势下的新问题。

（一）市场准入壁垒禁而未绝且更加隐蔽

一是在全国清单外设置本地"土门槛"。调研中，有 80% 的企业反映，长三角地区有些地方在执行全国统一负面清单方面出台了隐蔽性和复杂性强的地方保护政策。例如，有地区制定产业园区市场准入性质负面清单，在有关企业申请预拌混凝土专业承包资质时，除法律法规规定的材料要件外，还额外要求企业提供本地五部门审批意见，有意将外地企业排除在外。

二是项目招投标存在"本地化偏好"。有的地方通过未明确列举的、更为隐蔽的方式，对参与申请或投标的外地企业资质等设置更多更高门槛。有企业反映，住建领域普遍存在通过信用评价、信用评分等方式设置隐性壁垒的现象，影响和限制外地企业进入本地市场。

三是以特许权经营排除公平竞争。据某汽车公司反映，其正依托先进的快速充电技术加速布局城区及高速公路服务区大功率超级充电设施网络，但长三角地区部分地方政府通过特许经营方式指定唯一企业建设充电基础设施，其只能通过与当地特许经营企业合作的方式参与网络建设。

（二）招商引资"内卷化"，恶性竞争现象时有发生

一是地方优惠政策不断加码。受访企业普遍反映，近几年长三

角有些地方为招商引资盲目"拼优惠",地方政府给予的优惠从税收、土地、厂房到装修、人才引进、生产补贴、产业投资基金奖励等,地方政府以这些超常规优惠方式"挖其他地方墙脚",导致了重复建设和同质竞争。刘志彪和孔令池对结构相似性系数、区位熵等衡量产业相似度的指标进行了测算,发现长三角三省一市产业结构趋同化现象较为突出,优势产业重合度较高,例如,江苏省区位熵大于 1 的制造业、高端制造业分别与浙江、上海高度重合。①

二是"反向招商"渐成气候。近年来,"反向招商"逐渐成为一种潮流。这种反向招商实际上是发达地区到相对不发达地区进行"掐尖",通过自身的市场优势对"不发达城市"进行"降维打击"。如上海市启动"投资上海·全国行"系列活动,远赴成都举办招商推介会,并成立投资上海·宝山川渝服务点、投资上海·金山川渝服务点。江苏省宜兴市针对专精特新小企业给予 100% 税收返还、生活补贴、租金减免的招商引资条件让中部省份的招商政策望尘莫及。

(三) 生产要素流动卡点和堵点仍未打通

数据等新型要素市场分割严重。长三角各地纷纷探索通过组建数据集团推进公共数据授权运营,大量优质的公共数据资源被各地政府、事业单位或国资背景的企业掌控,但遍地数据集团也导致了新形态"数据孤岛"的形成,各类社会资本很难平等获取准入机

---

① 刘志彪、孔令池:《长三角区域一体化发展特征、问题及基本策略》,《安徽大学学报》(哲学社会科学版) 2019 年第 3 期。

会，这加剧了各地公共数据资源互联互通、开放共享的协调难度。截至 2023 年 10 月 30 日，全国已进行工商注册登记的带有"数据交易"字样的交易机构共 88 家，实际开展业务运营的有 16 家，各交易场所分别推进各具特色的规则体系建设，导致数据产品定义和交易条件、定价方法、交付模式、合规要求等各不相同，数据集成、数据经纪、合规认证、数据保险、数据托管等创新业态极为分散。

传统要素也面临配置扭曲问题。近九成的受访企业反映，受制于要素领域一些根深蒂固的体制性弊端，劳动力、土地、资本等生产要素在生产、交易、定价等环节存在一定程度的分割，尚未在长三角区域内形成高效流动的一体化市场。例如，周五七采用相对价格法测算市场分割指数发现，长三角市场一体化水平整体呈上升趋势，但劳动力和资本要素市场一体化明显滞后于商品市场一体化。[①]

（四）市场基础制度规则协作联动还需加强

体制机制改革是长三角一体化发展的关键动力，近年已取得较大进展，但仍面临行政壁垒依然存在、要素流动障碍较多、财税分享机制不健全、产业链创新链分工协作有待提升等制约长三角更深层次一体化的体制机制问题。[②] 李娜等对长三角区域一体化的研究发现，目前交通一体化推动区域一体化作用明显，但制度一体化尚

---

① 周五七：《长三角统一大市场发展进程评估与影响因素研究》，《重庆大学学报》（社会科学版）2024 年第 1 期。
② 刘诚：《长三角一体化体制机制改革的主要障碍和推进策略》，《区域经济评论》2023 年第 3 期。

处于起步阶段。① 调研中，近 70% 的受访企业反映，市场准入等大制度在加快统一，但审批流程、执行力度等小细节还没有统一，影响了市场准入的一致性。② 多家平台企业反映，不同部门、不同属地、不同级别的行政监管部门均存在要求平台企业报送数据的情况，且报送数据的理由、范围、期限、类型以及报送形式均不尽相同，让企业无所适从。

（五）区域间软、硬基础设施联通亟待提速

从区域互联看，一些骨干线网存在运输能力瓶颈，制约了跨行政区域人员往来和要素流动。从枢纽建设看，一些地区跨区域多式联运市场需求巨大，但支撑不同种类交通工具衔接和协作的基础设施还不完善，多式联运枢纽的区域布局仍不合理。从城乡衔接来看，农村边远地区和城乡接合部的商贸物流、冷链、仓储等基础设施建设仍然不足。③ 此外，区域内依然大量缺乏开放融通、功能强大的工业品、服务类、资源类、产权类一体化的交易平台和交易中心。

---

① 李娜、张岩、夏文：《区域一体化机理及评价研究——以长江三角洲为例》，《上海城市管理》2023 年第 5 期。

② 刘勇、欧阳慧、黄寰：《加快建设全国统一大市场》，《区域经济评论》2022 年第 5 期。

③ 刘志成：《加快建设全国统一大市场的基本思路与重点举措》，《改革》2022 年第 9 期。

三 长三角区域市场一体化主要制约因素

（一）经济发展压力强化地方保护动机

新冠疫情以来，地方经济发展持续承受较大压力，叠加房地产市场疲弱、债务风险加剧等因素的影响，在以经济增长为主要指标的考核体系下，区域间竞争逐年加剧。各地全力以赴"拼经济"已成为共识，"僧多粥少"的局面越来越明显，一线城市和较发达地区不得不重新审视国内竞争者，加大招商引资力度，甚至频频推出地方保护性举措，以巩固其竞争优势和领先地位。在新一轮产业竞争中，一线城市和地区更加注重自身产业的集群化发展和细分领域的产业链补链强链延链，下力气"内引"专精特新中小企业和单项冠军企业，这也在客观上强化了地方保护动机。

（二）产业同质化导致城市间竞争激烈

区域内部分城市产业结构相似，导致资源分散和竞争加剧。长三角地区在电子信息、生物医药、高端装备等战略性新兴产业领域存在较大的重叠性，各城市之间存在一定程度的产业重复建设和资源争夺现象，导致了产业结构趋同、城市间竞争加剧。需要加强顶层设计，推动产业链的错位发展和互补，引导各地根据自身优势进行差异化发展，避免无序竞争。例如，苏南城市群和浙江东部发达城市在传统制造业领域的同质化竞争，需要通过产业升级和转型实现差异化发展来破解；上海、杭州和南京在服务业领域的混战，以及消费总量和消费占比的差异，则需要通过进一步优化服务业结构和提升服务质量来解决。

（三）区域市场一体化机制不够完善

尽管长三角区域市场一体化正在推进，但行政区划之间的壁垒仍然存在，跨区域协同存在较大困难。不同地区经营主体面临的市场政策、制度规则、标准不统一，企业协会等社会化组织在区域合作方面的力量发挥不足，"成本共担、利益共享"区域合作机制没有得到有效构建，导致许多区域合作不得不以政府"一事一议"的方式自上而下地强力推进，没有成为各类经营主体的自发行为，导致区域合作部分虚化，加大了区域市场一体化的建设难度。从行政级别看，长三角地区包括直辖市、省会城市、计划单列市等不同行政级别的城市，这种多样性也给区域市场一体化带来了复杂的行政协调问题。

（四）税收分成等基础制度有待健全

我国以间接税为主的税制结构可能会导致税源背离，进而引发地方保护主义。以增值税为例，地方税收分成部分主要按照生产地在地区间分配，但实际税负主要由消费者承担，导致税收归属地和税负承担地之间产生偏差，即税源背离。[①] 以汽车产业为例，我国汽车产业的税制结构不尽合理，税收的大部分（约70%）归中央所

---

① 范子英、李经：《"十四五"时期促进国内统一市场形成的财税改革思路》，《税务研究》2021年第2期。

有，余下约30%的税收大部分留在了汽车的生产地而非使用地。因此，部分地区为争取更多税源，往往会在一定程度上干预商品要素跨区域流动，这不利于商品市场统一、要素自由流动。另外，长三角地区仍存在不规范使用税收优惠政策的情况，导致出现税收"洼地"，对建设全国统一大市场产生了负面影响。

四　推进长三角区域市场一体化向更高质量迈进的对策建议

当前，长三角正处于迈向高质量一体化的关键时期，需统筹主客观因素，注重长短期结合，坚持破立并举，有序有力破解难点堵点问题，更好地推进长三角区域市场一体化向更高质量迈进。

（一）以破除地方保护为导向，常态化开展突出问题专项整治

畅通经营主体反映诉求和问题解决通道，抓好问题征集、线索核查、政策措施清理等工作，以专项督办等形式协调解决经营主体遇到的准入受阻、竞标受限、经营受歧视等问题，做到发现一起、查处一起、纠正一起、通报一起。健全市场准入壁垒排查清理长效机制，密切关注市场准入隐性壁垒问题新情况，梳理通报典型案例，并定期开展对照自查，及时纠正不当做法。针对招商内卷、恶性竞争问题开展专项整治，指导各地对违规出台的招商引资优惠政策进行修订，对违规项目进行清理整治；建立典型案例通报制度，开展以案促教、以案促改、以案示法，有效遏制招商内卷蔓延势头。探索建立企业合理迁出后迁出地和迁入地的地方政府经济指标

分享机制，引导地方政府合理招商。

（二）以推进制度标准统一为基石，持续夯实区域市场一体化

健全长三角区域政策协调机制，确保各地在产业发展、环境保护、市场监管等方面的政策一致性和连贯性。加快构建跨区域的统一市场准入服务系统，规范政府不当干预市场准入行为，推动准入规则更加科学合理、管理模式更加规范统一，引导资源要素在市场机制作用下向新业态新领域汇聚。加快推进地区间质量、标准、计量、检验检测等领域统一和互认，实现区域内重点标准目录、具体标准制定、标准实施监督三方面协同。以资源配置、效益评价、利益共享等制度创新为突破口，打造市场规则统一、行业标准互认、要素自由流动的营商环境，提高政策制定的统一性、规则一致性和执行协同性，降低制度性交易成本，推进跨区域贸易便利化。

（三）以破解卡点堵点为抓手，建立健全一体化的区域要素市场

加快完善证券交易、技术交易、产权交易、公共资源交易等平台体系建设，加强交易平台间的融合、联通、对接，形成协同高效的市场基础设施网络，更好地推进要素顺畅流动和配置优化。营造利于区域一体化发展的市场环境和机制，推进项目、人才、土地、资金等要素一体化配置。加快破除制约数据开放共享的体制机制瓶颈和部门间、地区间、行业间、市场间的数据要素流动壁垒，加强统筹公共数据的授权使用和管理，制定统一的公共数据开放平台管理制度和标准规范，推进各级公共数据开放平台互联互通，强化公共数据汇聚共享和开放开发。探索开展数据质量

标准化体系建设，加快推进数据采集和接口标准化，促进数据整合互通和互操作。

（四）以增强市场作用为重点，推进区域合作机制加快突破

充分发挥中介组织、行业协会、社会团体等市场力量在区域一体化中的重要作用，积极培育市场化、专业化的中介服务机构，支持行业协会、商会统一制定技术标准、推动跨区域合作、统一规范行业秩序、统一开拓国际国内市场等工作；建设一批有利于各类要素跨区域流动和促进区域融通的专业联盟等。在长三角地区率先探索形成"成本共担、利益共享"的市场化区域合作机制。

（五）以构建新发展格局为目标，分阶段分步骤完善税收制度

短期，建议财政部门以清理纠正违法违规税收优惠、完善税收征管制度为主，构建公平统一的税收环境。中期，建议以完善税收征收方式和分享制度为主，减少地方对税源的逐底竞争。一方面，继续打通增值税抵扣链条，推进生产地征税原则向消费地征税原则转变；推进消费税改革，将部分原本在生产环节征收的消费税品目逐步后移到批发、零售环节征收。另一方面，推进形成与地区生产要素贡献度相匹配的税收收益分享机制。长期，建议以健全地方税源为主，研究将具备条件的消费税目划归为地方税，不断完善环境保护税收体系。

Journal of Shanghai Studies

Volume 1
July 2025

Table of Contents & Abstracts

Chinese Modernization in Shanghai

The Leading and Exemplary Role in Promoting Chinese Modernization

Abstract: Since the 20th National Congress of the Communist Party of China, numerous studies have analyzed and expounded the Chinese path to modernization from a macro perspective. However, there has been a lack of focus on promoting the Chinese path to modernization at the local level. Shanghai is expected to fully leverage its leading and exemplary role in advancing the Chinese path to modernization. As the forefront of China's reform and opening up, Shanghai boasts distinctive features such as a large economic scale, high population density, robust capacity for scientific and technological innovation, and an advanced industrial structure. Additionally, it holds a central position in the Yangtze River Delta economic zone, making its modernization development critically important for the country's efforts in pursuing the Chinese path to modernization. This paper, after reviewing the theoretical logic of the Chinese path to modernization, integrates Shanghai's role in national strategic development to propose a scientific connotation system for Shanghai to exert its leading and exemplary influence, encapsulated by "self-improvement+enhanced driving+pioneering trials". Furthermore, this paper suggests reform directions that include strengthening the leading role through cross-regional policy coordination mechanisms, ensuring the exemplary role through policy pilot and promotion mechanisms, and safeguarding policy implementation through the reform of foundational institutional mechanisms.

Keywords: Chinese path to modernization; pioneering; exemplary guidance

The Significant Significance, Action Blueprint, and Path Measures for Shanghai to Build Pudong into a Leading Area for Socialist Modernization

Theoretical and Practical Exploration Research Group for Shanghai's Construction of a "Leading Zone for Socialist Modernization Construction" / 20

Abstract: In November 2020, General Secretary of the Central Committee of the Communist Party of China Xi Jinping attended the 30th anniversary celebration of Pudong's development and opening up and delivered an important speech, and clearly proposed to "promote Pudong New Area to build a leading area for socialist modernization construction", ushering in a new historical opportunity for Pudong's development and opening up. Under the guidance of Xi Jinping Thought on Socialism with Chinese Characteristics for a New Era, Shanghai Pudong, in accordance with the positioning requirements of the Central Committee of the Communist Party of China and the State Council, has steadfastly pursued reform, taken the path of opening up, played the innovation card, actively explored regional coordinated development, relied on the pilot free trade zone to build a bridgehead for serving the Belt and Road Initiative, further played the role of "three services", and achieved remarkable development achievements that have attracted worldwide attention. Promoting Pudong New Area to become a leading area for socialist modernization construction is a strategic choice to comprehensively build a modern socialist country in all respects, a key move to accelerate the construction of a new development pattern, and a major measure to serve the national situation and drive the integrated development of the Yangtze River Delta. Pudong must adhere to the important speech of General Secretary of the Central Committee of the Communist Party of China Xi Jinping, resolutely implement the decision-making and deployment of the Party Central Committee and the State Council, work together from top to bottom, and make precise efforts to promote the implementation of various tasks and measures with the spirit of nailing nails, and achieve comprehensive results.

Keywords: a leading area for socialist modernization; reform and opening up; pilot free trade zone

Study on Green Low-carbon Production and Life Style in Shanghai: From the Perspective of Chinese Modernization

Yan Kun, Liu Cheng, Wang Haixia / 44

Abstract: Green has become the distinctive background color of China in the new era, and green development has become a significant feature of Chinese modernization. In recent years, China has accelerated the comprehensive green transformation of economic and social development, and continuously built green production methods and green lifestyles. Among them, Shanghai is at the forefront of the country. Shanghai has a dense population and developed industry, and a large amount of energy consumption and carbon emissions have a relatively adverse impact on people's living environment. Shanghai has local urgency and national demonstration in implementing the concept of green production and living power. Starting from the construction of green production and life in all aspects, Shanghai has carried out exploration and practice by improving top-level design, building green production mode, innovating action mechanism to build green lifestyle and other measures, and promoted the formation of a multi-level and diversified green production and life development model and experience that can be replicated and promoted.

Keywords: green industry chain; green finance; green logistics; green lifestyle

Open Economy

Research on the Issues and Policies of Accelerating the Enhancement of Original Innovation Capability in Shanghai

Zhang Qizi, He Jun, Wu Haijun, Li Wei / 67

Abstract: The improvement of original innovation ability is of great significance to regional development. It can not only promote scientific and technological progress, enhance the core competitiveness of the region, but also drive industrial upgrading and promote high-quality economic development. At present, regional science and technology competition is gradually moving forward to the field of basic research, that can take the lead in the field of basic research breakthrough, greatly improve the original innovation ability, and take the lead in seizing the commanding heights of regional science and technology and industrial competition. Although Shanghai has gained advantages in the regional science and technology competition of "application innovation orientation", there is a risk of lagging behind in the regional science and technology competition of "basic research orientation". From three perspectives, namely, the development of innovation subjects, the agglomeration of innovation factors, and the research on key core technologies, this paper comprehensively reviews the problems and challenges faced by Shanghai in the process of improving its original innovation capability. Based on the successful experience of improving its original innovation capability at home and abroad, it puts forward ideas and suggestions for Shanghai to deepen innovation-driven development and greatly improve its original innovation capability. The research in this paper has important theoretical and practical signifi-

cance for promoting the improvement of original innovation ability and the implementation

of innovation-driven development strategy in Shanghai and even the whole country, and can

provide useful reference for government decision-making, enterprise innovation, academic

research and other aspects.

Keywords: original innovation ability; basic research; Shanghai

Green Finance Supports the Construction of Shanghai International Financial Center

Fan Yunpeng, Wang Sichang, Zheng Liansheng / 84

Abstract: Green has increasingly become a prominent background for high-quality

development. Shanghai attaches great importance to the development of green finance and is

committed to building a green finance hub. By utilizing policy guidance, risk management,

and information transmission mechanisms, it deeply participates in the international climate

economic system and contributes green strength to the construction of the Shanghai interna-

tional financial center. However, the high-quality development of green finance in Shanghai

still faces a series of bottlenecks, and it is necessary to gradually fill the gaps by fully

drawing on international experience and combining with Shanghai's key industries. The de-

velopment of green finance in international financial centers such as London and New York

started early, achieved rich results, and had complete supporting facilities. They have real-

ized the rapid application of a series of green innovations, formulated influential green cer-

tification standards, and formed a green finance industry ecosystem that combines product

breadth and service depth, effectively consolidating their position as international financial

centers. Therefore, this article aims to explore the progress space of Shanghai in the field of

green finance and provide relevant suggestions for the construction of Shanghai international

financial center.

Keywords：green finance；climate risk；Shanghai international financial center；high-quality development

Motivations, Pathways, and Policy Implications of Overseas Investments by Chinese Digital Enterprises

Zhang Juan, Xu Meina, Yu Shuaishuai ╱ 104

Abstract：Digital multinational corporations represent a significant aspect, manifestation, and primary driving force behind the globalization of the digital economy. The overseas investments made by digital enterprises in various countries and regions—including the United States—focus on accessing markets, acquiring strategic assets, securing natural resources, and enhancing operational efficiency. China has emerged as one of the top three sources of global digital direct investment. Through an analysis of data and case studies, it is concluded that Chinese digital enterprises exhibit a pronounced inclination towards obtaining strategic assets, expanding market access, improving efficiency, and securing natural resources during their overseas ventures. Based on these findings, recommendations are proposed to diversify market engagement strategies, enhance Hong Kong's role as a platform for investment facilitation, establish pilot zones for digital free trade initiatives, and strengthen data exit security measures.

Keywords：digital enterprise；overseas investment；digital multinational corporation

Social Governance in Megacities

Research on the Full Life Cycle Welfare System for All Citizens in Shanghai

Research Group of Research on the Full Life Cycle Welfare System for All Citizens in Shanghai ╱ 133

Abstract：Significant progress has been made in the construction of the full life cycle welfare system for all citizens in Shanghai, but there are still some problems: regional imbalance of high-quality education and medical resources is deepening; there is a gap between higher education, vocational education and urban development; income distribution structure still needs further optimization; the overall supply of elderly care services and housing adaptations for the aged are insufficient; accurately targeting and dynamic monitoring low-income groups and overall coordination of rescue resources need to be strengthened. We further need to improve policies for the development of children, establish a high-quality education system, promote employment and improve the income distribution system, improve the national medical insurance system and optimize the allocation of medical resources, improve the elderly care service and security system, take multiple measures to meet the housing demand and establish a hierarchical social assistance system.

Keywords: all the people; full life cycle; social welfare system

Promoting High-quality Development through Green and Low-carbon Consumption in Shanghai: A Research Report

Zhu Di, Gao Wenjun, Cui Yan, Gong Shun, Huang Yanhua / 150

Abstract: This poper conducts a comprehensive study on the role of green and low-carbon consumption in promoting high-quality development in Shanghai, focusing on three key dimensions: analysis of residents' literacy in green and low-carbon consumption, community-level practices, and food consumption and waste behaviors. The study finds that the popularization of low-carbon activities and diversified channels for accessing low-carbon information have established a social environment conducive to fostering low-carbon literacy among Shanghai residents. However, there remains room to further enhance the dissemination of low-carbon knowledge. In terms of low-carbon values, while residents generally possess a moderate level of awareness, their understanding of ecological crisis, ecological responsibility, ecological prioritization, and technology-ecology integration lags slightly behind the national average. Community-level analysis, based on survey data and case studies, highlights Shanghai's progress in promoting green and resource-efficient lifestyles. Compared to Beijing, Shanghai residents exhibit higher participation rates in garbage sorting and eco-friendly initiatives. Notably, the city outperforms peer cities in implementing garbage sorting policies, yet its community infrastructure remains insufficiently green, underscoring significant challenges in building eco-friendly communities. Analysis of food consumption and waste behaviors across different scenarios reveals that residents with higher education levels are more likely to regularly pack leftover food, whereas waste remains frequent in formal receptions. Applying a dual-structure theoretical framework, the study attributes food waste during leisure trips and family dining to material supply factors, while cultural traditions are identified as the primary driver of waste in official banquets. Finally, the report proposes targeted strategies to enhance green and low-carbon consumption in Shanghai, aligning local practices with broader goals of sustainable development and high-quality growth.

Keywords: green and low-carbon consumption; sustainable development; consumption literacy; green community construction

Integration of the Yangtze River Delta

The Main Bottleneck of the Yangtze River Delta Regional Markets Integration and Its Countermeasures

Ouyang Hui, Liu Fang, Hu Fei / 183

Abstract: The integration of regional markets in advantageous regions is an inevitable requirement and important way to build a unified national market. Since the development of regional integration in the Yangtze River Delta region has become a national strategy, the speed of regional markets integration has significantly accelerated, and breakthroughs have been made in key areas such as institutional integration, regulatory linkage, and facility connectivity, achieving remarkable results. At the same time, it is also facing bottlenecks such as local protection restrictions that have not been completely eliminated, unfair competition in investment promotion, obstacles in factor flow, and urgent need to accelerate inter-connectivity, which have formed constraints on the integration of the Yangtze River Delta regional markets towards higher quality. Therefore, it is suggested to make concerted efforts in the special rectification of prominent local protection issues, the unification of market rules and standards, the integration of factor markets, the implementation of regional cooperation mechanisms, and the tax system to promote greater breakthroughs in regional markets integration and better serve the construction of a unified national market.

Keywords: the Yangtze River Delta region; market integration; main bottlenecks; countermeasures

《上海研究》征稿启事

《上海研究》创刊于 2024 年，是由中国社会科学院主管、中国社会科学院—上海市人民政府上海研究院主办的全国性综合学术刊物，创刊初期为半年刊，每年两辑。

《上海研究》坚持以习近平新时代中国特色社会主义思想为指引，深入贯彻落实习近平总书记在哲学社会科学工作座谈会上的重要讲话和考察上海重要讲话精神，紧紧围绕中国特色社会主义改革与发展中的重大理论和现实问题，围绕党中央对上海的战略定位以及上海作为我国进一步全面深化改革的前沿所实施的重要战略和任务部署，常设"中国式现代化上海实践""长三角一体化""超大城市社会治理""开放型经济"四个专栏，刊发具有原创性、思想性、科学性的高质量学术论文和理论联系实际的对策性文章。热诚欢迎海内外作者向《上海研究》投稿，为保证学术研究成果的原创性、严谨性和规范性，敬请作者投稿时注意如下事项。

第一，稿件字数以 0.8 万~1.2 万字为宜，优质稿件篇幅可适当放宽。为便于学术交流和高质量推进稿件编辑工作的规范化、标准化，本刊体例规范参照《中国社会科学》体例规范执行。作者须确保稿件没有在其他公开出版物（含外文公开出版物）发表或即将发表。

第二，作者需提供稿件中文、英文题目（中文题目不超过 20 个字，中英文题目要对应），400 字以内的中文摘要和 3~5 个中文、英文关键词。

第三，为了加强论文的国际传播力、影响力，本刊鼓励作者精心构思写作英文长摘要（summary），篇幅以不超过 800 单词为宜。可包含（但不限于）以下写作内容：研究背景与意义，研究主题与思路，研究方法、理论依据、经验数据及来源，主要结论及政策建议，重要创新或贡献（包括与以往文献的区别，以及对未来研究扩展的意义）。英文长摘要须另附其中文对照，仅用于英文长摘要编校参考。英文摘要中，作者姓名的中文拼音，姓前名后，中间为空格，姓氏的全部字母均须大写，名字的首字母须大写。

第四，多位作者署名的论文，作者应保证署名内容（中文和英文）、顺序无争议。多位作者的署名之间须用空格隔开。作者简介请放在作者署名的页下注中，并注明工作单位（含二级院、系、所）、职务职称，以及电子信箱、联系电话、通信地址、邮政编码等基本信息，便于及时联系。

第五，稿件如受到与研究主题相关基金资助，请注明基金项目名称和编号。基金项目名称和编号请按以下方式标注：［基金项目］国家社会科学基金项目（批准号）。多个项目同格式列出，前后请用分号隔开。

第六，正文标题序号请按以下方式标注：一级标题用"一、

二、三、"等编号，二级标题用"（一）（二）（三）"等编号，三级标题用"1.2.3."等编号，四级标题用"（1）（2）（3）"等编号。

第七，本刊实行"实引"制度，引文和注释请用页下注，每页单独编号。引文参考文献列示与文中标注须一一对应。

第八，图、表要准确、清晰、规范，分别用阿拉伯数字连续编号，图题须居中放在图的下面，表题须居中放在表的上面；图、表须随文排，文中应注明"（见表 1）"、"（见图 1）"或"如表 1 所示"、"如图 1 所示"等字样，再排相应图、表。对图、表进行解释说明的文字，要与图、表内容相互对应。表中同一项目保留小数的位数应一致，上下行位数要对齐。

第九，本刊实行国际通行的"双向匿名"审稿制度，来稿均由编辑部安排专家审阅评议。作者应保证论文符合学术规范，无抄袭、剽窃、侵权、数据伪造等不良行为；引用、使用作者本人已发表研究成果，不能超过总量的 5%，并请注明出处；不涉及国家秘密，并自觉避免"一稿多投""一稿多发"等情形。稿件寄出 2 个月后，如未接到用稿通知，可另投他刊。

第十，本刊编辑部有权根据相关规范对文章进行删节或文字修订，如不同意，请在投稿时说明。凡向本刊投稿者，即将论文整体及相关附件的全部复制传播的权利——包括但不限于复制权、发行权、信息网络传播权、广播权、表演权、翻译权、汇编权、改编权等著作财产权，许可给本刊编辑部专有使用，并允许本刊编辑部独家代理其所发表论文的著作权，未经许可，不得转载、摘编。除本刊自行使用外，本刊有权许可第三方平台（含国家哲学社会科学文献中心、中国知网）等行使上述部分权利。

第十一，稿件一经刊用，即赠送样刊 2 册。本刊不收取任何形式的审稿费、版面费。敬请广大读者和作者注意甄别任何网站、组织或个人以本刊名义索取审稿费、版面费的欺诈行为。

编辑部邮箱：shyjyzw@ 163. com

编辑部电话：021-56331251

《上海研究》编辑部

2024 年 10 月

图书在版编目（CIP）数据

上海研究 . 2024 年 . 第 1 辑：总第 1 辑／王晓霞主编；
郭志法副主编 . --北京：社会科学文献出版社，2025.
7. --ISBN 978-7-5228-5276-8

Ⅰ. K925.1

中国国家版本馆 CIP 数据核字第 20254AF029 号

上海研究　2024 年第 1 辑（总第 1 辑）

主　　编／王晓霞
副 主 编／郭志法

出 版 人／冀祥德
责任编辑／赵　娜
责任印制／岳　阳

出　　版／社会科学文献出版社·群学分社（010）59367002
　　　　　地址：北京市北三环中路甲 29 号院华龙大厦　邮编：100029
　　　　　网址：www.ssap.com.cn
发　　行／社会科学文献出版社（010）59367028
印　　装／三河市尚艺印装有限公司

规　　格／开　本：787mm×1092mm　1/16
　　　　　印　张：13.75　字　数：155 千字
版　　次／2025 年 7 月第 1 版　2025 年 7 月第 1 次印刷
书　　号／ISBN 978-7-5228-5276-8
定　　价／89.00 元

读者服务电话：4008918866